A MADAME ELEONOR DE SOVVRÉ ABBESSE DE SAINT AMAND DE ROVEN.

MADAME,

Dans la passion que j'ay depuis plusieurs années de rendre vn

EPISTRE.

hommage solennel à vôtre merite, & de contribuer quelque chose à la gloire de vôtre nom ; J'ay crû n'en pouvoir trouver une occasion plus favorable, que de Vous dedier la Relation d'un voyage que j'ay fait en Flandres, où j'ay remarqué ce qui m'a semblé de plus considerable dans le Gouvernement. Vôtre Illustre Maison a toûjours donné à ce Royaume de si grands hommes, qui ont glorieusement soûtenu les emplois de l'Eglise, & de l'Estat, & vôtre haute vertu s'est montrée si digne de vos Ancestres, & a si sagement, & si sainctement conduit l'Abbaye où elle s'est renfermée, qu'elle a fait juger à tout le monde, que par le titre de vôtre naissance, & par le merite de vôtre personne, Vous sçavez mettre excellemment en usage tout ce

RELATION
D'VN VOYAGE
FAIT EN FLANDRES,
BRABANT, HAINAVT, ARTOIS,
Cambresis, &c. en l'an 1661.

OV IL EST TRAITÉ
De la Religion, de la Iustice,
de la Police, des Vniversitez
de Louvain, & de Doüay,
des Fortifications plus remarquables, des divertissemens
publics, & de ce qu'on y void
de plus considerable.

Par M. MICHEL de Saint MARTIN
Escuyer, Prestre, Sieur de la Mare
du Desert, Docteur en Theologie
en l'Vniversité de Rome, &c.

A CAEN,
Chez MARIN YVON,
Imprimeur du Roy.

M. DC. LXVII.

EPISTRE.

qui nous est enseigné de plus sublime dans la Religion, la Iustice, & la Police. Ce qui me donne lieu d'esperer que les Observations que i'en ay faites, ne Vous sembleront pas indignes de Vous estre presentées.

Ie pourrois, MADAME, penetrer dans l'Histoire de l'ancienne Rome, & i'y trouverois que vos Ayeuls dés le temps d'Auguste Cesar, ont porté les conquestes de cette maistresse des Nations aux extremités de la terre, & que Vipius Severinus, dont vous estes descenduë, & à qui Vipius Vrsinus son frere erigea un Monument, qui se trouve encore auiourd'huy dans la forteresse de Bracciano, s'est signalé par ses grands emplois, dans les plus importantes affaires de l'Estat. Ie ferois voir que cette

EPISTRE.

Illustre souche, qui a commencé à Vipius Severinus, a laissé en Italie une branche d'aussi grande étenduë, & que celle de France en a poussé une autre en Portugal, où les services importants rendus à ce Royaume jusques en Afrique, l'ont arrestée, il y a plus de deux cens cinquante ans, & ont fait découler sur elle les faveurs les plus signalées des Roys de Portugal, & les marques les plus particulieres de leur étroite confidence.

Ie pourrois, suivant l'ordre des temps, rapporter les actions éclattantes, que vos Predecesseurs ont faites pour le service de la France, & comme ils ont arrosé de leur Sang les lauriers de nos Souverains. Ie pourrois, MADAME, faire mention de vos Alliances avec les Maisons de Lorraine, de

EPISTRE.

Mont-bason, de Chaune, Boiſ-dauphin, Laval, Harlay, Harcourt, Chaſteau-neuf, Ville-Roy, le Telier Secretaire d'Eſtat, & de quantité d'autres. Mais tant de Heros meritent chacun une Hiſtoire à part, ainſi que Monſieur votre Pere, premier Gentil-homme de la Chambre, & Monſieur de Souvré votre Oncle, grand Prieur de France, & Ambaſſadeur de la Religion de Malthe vers noſtre Roy tres-Chrétien. Ie ne diray point qu'un Macé de Souvré étoit grand Chambellan, & premier Maiſtre d'Hôtel de Louis XI. Ie ne parleray non plus de tant d'autres Charges & Gouvernemens, que vos mêmes Anceſtres ont poſſedé, dont les ſervices importants ont eſté couronnés par nos Monarques. Il n'y en a point, dont ils ne les ayent eſti-

EPISTRE.

més dignes, puis qu'ils ont assez marqué la haute estime qu'ils en ont faite, leur confiant ce qu'ils avoient de plus precieux, en leur donnant l'education de leurs Dauphins. Il n'y a rien, MADAME, de si important à l'Estat, que d'avoir un Roy qui sçache gouverner; & puisque son employ a esté appelé par les Sages, l'art des arts; il faut qu'outre les bonnes qualités qu'il tire de sa Naissance, celuy qui est choisi pour former ses mœurs, & sa conduite, estant une des principales causes du bonheur, ou du mal-heur de l'Estat, ayt des lumieres & des vertus extraordinaires, pour s'en bien acquitter, & pour rendre un Souverain digne d'estre Roy par election, quand il ne le seroit pas déja par le droit de sa Naissance. Nous pouvons donc dire avec ve-

EPISTRE.

rité, que votre illustre Maison prend part à tant de grands succés que la France a obtenus depuis tant d'années, que Henry le Grand, qui sçavoit si bien juger du merite de ses subjets, & qui avoit tant de soin de l'institution de feu Louis XIII. de triomphante memoire, creut que Monsieur le Maréchal de Souvré votre Ayeul, aprés avoir fidellement servy par son conseil, & par sa valeur sous luy, & sous trois Roys qui l'avoient precedé, étoit selon son cœur, puisqu'il luy commît cette importante Education. C'a esté sur ce même principe que Monsieur le Duc de Ville-Roy votre Oncle Maréchal de France, a esté choisi pour l'instruction de notre Roy tres-Chrétien ; Mais si ce grand employ demande des hommes hors du commun, celuy de Gouvernan-

EPISTRE.

te des Enfans qui sont destinés pour porter le Sceptre, veut des femmes fortes, qui ayent l'esprit élevé au dessus de leur sexe, comme l'ont fait paroître Madame de Souvré Marquise de Lanzac votre Tante, qui fut Gouvernante de Louis XIV. & Madame la Maréchalle de la Motte sa petite fille, Gouvernante de Monseigneur le Dauphin.

C'est ainsi, Madame, que nous voyons que la plus belle, & la plus importante fonction de l'Estat est comme hereditaire en votre Maison pour les Femmes, aussi bien que pour les Hommes; & que Vous aviez des talens, pour reüssir en ce grand employ, si la pieté ne Vous avoit fait mépriser les avantages de la nature, & de la fortune, & ne Vous avoit portée à faire divorce avec

EPISTRE.

la gloire du monde, pour changer l'eclat de la Cour, & ses charmes avec l'humilité d'une vie Religieuse, en bornant un esprit d'une si vaste capacité, & une vertu si rare à regler une Communauté Religieuse. Dès le moment que le Roy, & la feüe Reyne sa Mere de glorieuse memoire, assisterent à la ceremonie de votre Benediction au Val-de-grace à Paris, toute la Cour qui y étoit presente, regarda votre merite, pour en faire des objets de son admiration, & des exemplaires de sa vertu. L'on remarqua en Vous tant d'humilité, parmy toute cette Pompe, que comme l'air n'est jamais si froid, que lorsque le Soleil se leve; ainsi, MADAME, Vous n'avez jamais esté si moderée, que lorsque notre Monarque, qui est le Soleil de la France, pa-

EPISTRE.

rut à votre ceremonie. La suite a bien répondu à un si beau commencement, Vous vous estes attachée au seul necessaire, & Vous n'avez formé des pensées, que pour Vous bien acquitter de votre Ministere: Car Vous avez bien-tost après fait construire en votre Abbaye des bâtimens de grande dépense, & fort necessaires; Vous y avez fait restituer les biens usurpés par des personnes puissantes, & en avez augmenté les revenus.

L'or & le marbre qui éclattent de tous costez dans votre Eglise, & les richesses de votre Sacristie, sont des fruits de votre épargne, qui montrent combien l'ornement de la Maison de Dieu Vous est cher, & que Vous n'ignorez pas que ces marques magnifiques, & majestueuses sont d'autant plus necessaires,

EPISTRE.

necessaires, que les hommes se gouvernent par les choses sensibles, & qu'elles les excitent à porter plus de respect aux choses sacrées, & à honorer leur Createur avec plus de ferveur. Vous auez voulu y ajoûter un second ornement, afin que les Ossements precieux de ces Amis de Dieu, qui ont esté pendant leur vie les Ornemens animez de l'Eglise, y fissent la même fonction apres leur mort, en la rendant plus auguste, & les faisant servir à la ville de Roüen, comme de murs, & de tours pour sa deffence.

Vous ne vous estes pas contentée d'y donner des Saints; mais Vous y faites rendre un culte particulier au Saint des Saints, ayant étably le premier Ieudy de chaque mois, un Sermon & des prieres dans vôtre Eglise, où le saint Sa-

EPISTRE.

crement est exposé sur l'Autel, avec beaucoup de solennité, ce qui attire la devotion de personnes de toutes sortes de conditions.

C'est du grand zele que Vous auez pour ce diuin Maistre, que procede l'exactitude que Vous apportez à nommer des subjets capables pour les Benefices, qui sont à vôtre presentation, soit à Roüen, soit à la campagne. Vous considerés que le droit d'y nommer est plus dangereux, qu'honorable : que s'il est une marque de puissance, il est vn des articles, sur lesquels on sera rigoureusement examiné au Iugement de Dieu: & Vous y pourvoyés seulement ceux que Vous croyez avoir esté appellés par sa divine Providence au Sacerdoce, aprés que Vous vous estes asseurée de leur suffisance par le rapport des personnes do-

EPISTRE.

êtes, & avés eu recours à toutes les informations, qui Vous peuvent donner quelque connoissance de leur conduite & de leur vertu : & quand Vous en avés rencontré quelques-uns selon vôtre gré, Vous souhaitez qu'ils Vous survivent, afin de n'avoir plus de lieu d'y pourvoir, dans la crainte que Vous avez d'y manquer.

C'est dans cette même pensée que Vous avez fondé une E'chole en vôtre Paroisse de BOOZ, afin que l'on y porte la jeunesse à l'amour de la vertu, & à l'horreur du vice, & qu'il ne s'y trouve point de Fidelles, qui ne connoissent IESVS-CHRIST.

On apprend par là, MADAME, que selon saint Ambroise, la Foy est commune à l'un & à l'autre sexe, & que les femmes peuvent estre des Apôtres. Vous étendés

EPISTRE.

le Royaume de Iesus-Christ à leur exemple; Vous paroissez embrasée du feu divin, que le S. Esprit avoit allumé dans leurs cœurs, & il se trouve un grand rapport entre vôtre vie, & celle des celebres Abbés de la Flandre, dont ie parle en cet ouvrage.

La Charité a toûjours esté l'appanage des Predestinez, & la corporelle que Vous exercez, seconde parfaitement bien la spirituelle. Il semble que Vous n'avez du bien que pour en faire part aux pauvres; que votre qualité d'Abbesse Vous a renduë leur Mere, & leur Nourrice; & que Vous les considerez comme de riches Banquiers, qui font passer votre bien dans le Ciel ; & quoyque ie sçache qu'en donnant l'aumône, Vous imitez le Soleil, qui se couvre d'un nuage, quand il répand ses pluyes

EPISTRE.

fecondes, & que Vous vous cachez aux yeux des hommes, pour faire cette bonne œuvre, je diray neanmoins pour l'edification du Lecteur, que i'ay appris d'un grand Amy de Dieu, qui a l'honneur de Vous aborder depuis plusieurs années, qu'il ne Vous a jamais donné advis de la necessité de pauvres, qui fussent dans les prisons, qui fussent malades, ou en d'autres besoins, à qui Vous n'ayez fait ressentir aussi-tost abondamment les effets de votre charité.

Ce n'est pas merveille, si l'interest qui régne dans le monde, n'est point une de vos Passions, & si Vous recevez gratuitement des Religieuses, quand Elles Vous semblent bien appellées de Dieu: dont Vous meritez une gloire d'autant plus illustre, qu'elle a peu d'exemples, & que c'est un

EPISTRE.

témoignage certain, que Vous n'en avés jamais admis, qui ayent esté portées à la Religion par les pernicieuses maximes, qui font souvent douter de la vocation des filles de qualité.

Enfin, MADAME, Vous ne vous lassés point de faire du bien; jamais Dame ne fut plus genereuse que Vous, ny n'embrassa plus volontiers les occasions d'obliger les personnes que Vous croyez vertueuses. Vous estes comme ces E'toiles, qui ne versent que des benignes influences, & Vous entendés l'art de faire les choses de si bonne grace, & auec des circonstances si obligeantes, qu'elles relevent infiniment vos faveurs. Vous donnés quelquefois bien plus qu'on ne Vous demande, Vous épargnés la pudeur de vos seruiteurs, preuenant leurs besoins, & Vous emplo-

EPISTRE.

yés pour eux le grand credit que vôtre naissance, & vos vertus Vous ont acquis dans le Royaume. L'avantage que i'en ay reçeu en plusieurs occasions, m'oblige à parler de la sorte, & me rendra eternellement votre redevable.

Ie ne parle point de vos talents dans la conversation, où Vous debités les matieres si agreablement, que Vous ravissés ceux qui Vous écoutent, que Vous éclairés leurs esprits, & échauffés en mesme temps leurs volontés à l'amour divin. Vne conduite si spirituelle, si sage, & si sainte fait le bon-heur de votre Abbaye, & Vous concilie l'affection de tout le monde au dedans, & au dehors; Mais comme Vous vous souvenez bien que quantité de SS. & de Saintes ont pris des seconds, pour gouverner les personnes qu'ils avoient soubs leur charge,

EPISTRE.

votre humilité profonde Vous a fait chercher une ayde, pour Vous seconder en la Direction de votre Abbaye. Il n'a pas falu sortir hors de votre famille, pour la rencontrer. Vous l'avés trouvée en Madame votre Sœur, qui ayant tiré de la mesme source de la nature, & de la grace que Vous, les excellentes qualités, qui la rendent si digne d'estre votre Sœur, & votre Coadjutrice, s'est à juste titre acquis l'affection de votre Communauté, & de tous ceux qui ont le bien de la connoître. C'est ce qui fait la parfaite union, qui est entre Vous deux. Vous luy communiqués vos pensées en votre presence & en votre absence, touchant la conduite de votre Abbaye, ainsi que les Hierarchies des Anges superieurs communiquent les leurs à celles des inferieurs, & Elle les execute

EPISTRE.

auec une parfaite correspondance.

Ie pourrois alleguer un grand nombre d'autres belles choses en votre faueur; mais ie m'apperçois que cette Epître deuient un peu longue; d'ailleurs je sçay bien que Vous vous contentez de meriter les Loüanges, sans les souhaiter; que l'Eloquence ne Vous est desagreable, que quand Elle fait votre Panegyrique, & que Vous ne cherchez qu'un bien veritable, qui soit la felicité de votre Esprit, & la recompense de votre vertu. I'épargneray donc votre modestie, MADAME, & il me suffira d'auoir marqué que vos grandes actions meritent d'estre dépeintes de couleurs, dont on se sert pour representer les choses eternelles, & ie m'entretiendray de l'esperance que tout le monde verra bien par le peu de choses que ie touche, que

EPISTRE.

Vous ne pouués pas auoir les vertus, dont ie parle, sans posseder toutes les autres; & ie seray satisfait que l'on connoisse que ie suis auec un profond respect,

MADAME,

Votre tres-humble, tres-obeïssant,
& tres-obligé Serviteur,
DE SAINT MARTIN.

A Caen ce 12. Aoust, 1667.

PREFACE.

J'Excuse ceux qui ne voyagent point, à cause qu'ils sont employez dans les affaires publiques, ou qui en sont empeschez par la necessité de leurs occupations domestiques : mais j'estime fort blâmables les hommes qui pouvant voir d'autres païs que ceux de leur naissance, ne contentent pas l'inclination naturelle que nous avons de connoître le monde avant que d'en sortir.

La pluspart des choses que l'on voit dans les païs estrangers, ont quelque nouveauté qui oblige l'esprit à les considerer, d'où il contracte une habitude qui le fait reflechir sur ses actions pendant le reste de sa vie, & examiner

PREFACE.

meurement les biens & les maux des choses dont il est question. Il évite par ce moyen les précipices où tombent la pluspart des hommes qui se portent à ce qui se presente avec peu de circonspection. Mais ce n'est pas là le seul profit des voyages ; car on y accoustume aussi son corps aux travaux, & l'on n'a pas de peine étant de retour en sa maison, d'aller en campagne aux lieux où l'on a des affaires.

Les mauvais lits qu'on rencontre, font que l'on se resout facilement à coucher sur la dure, & les viandes mal assaisonnées que l'on est contraint de prendre, rendent un voyageur maistre de sa bouche : on devient plus hardy aprés avoir évité plusieurs perils qu'on essuye sur la mer & sur la terre, & on craint moins les coups de la fortune, ainsi que le soldat qui s'est trouvé dans les combats : Vn esprit fascheux modere ses passions, prévoyant que s'il offence

PREFACE.

quelqu'un il pourra estre maltraité faute d'apuy dans les lieux où il se trouve. Les personnes qui aiment la Religion peuvent admirer dans les païs Catholiques l'uniformité de l'Eglise Romaine dans les choses essentielles, & dans les ceremonies, & la Foy de ceux qui ont fondé les Eveschez, fait bastir les Eglises, les Abbayes, les Monasteres, & autres monumens de pieté.

J'avouë neanmoins qu'il se trouve des hommes tres-prudens & tres-accomplis qui n'ont pas voyagé; mais ils le seroient peut-estre encore davantage s'ils avoient veu les autres Nations: C'est pourquoy Homere, Lycurgue, Solon, Pythagore, Democrite, Theophraste, Philon, Possidonius, & autres Philosophes, sçachant combien les voyages sont utiles, ont consumé leur âge dans cét agreable exercice dont l'on peut s'entretenir en toutes sortes de compagnies & se divertir soy-mesme

PREFACE.

avec plaisir, particulierement durant la vieilleſſe.

Les Rois ont auſſi voyagé; Mithridate courut toute l'Aſie ſans ſe faire connoître; & Germanicus fut en Egypte pour en voir les Antiquitez. Mais ſi quelque païs merite d'eſtre connu des François, c'eſt particulierement la Flandre, qui fait une partie de la France; & il eſt bien plus à propos qu'ils en apprennent les particularitez, que de ce qui ſe paſſe en Afrique, en Perſe, en la Chine, aux Indes, & en d'autres contrées dont on donne tous les iours des relations au public.

On peut dire aprés un Courtiſan de Philippes II. que la Flandre n'eſt qu'une Ville, dautant que les Villes y ſont grandes, & ſeulement éloignées pour la pluſpart les unes des autres de quatre ou cinq lieuës; que les Villages y ſont fort frequents & ſi peuplez, qu'ils ſemblent eſtre des Villes. Charles V. forma le

PREFACE.

dessein d'ériger ces païs en Royaume: Mais aprés avoir consideré les usages & les privileges particuliers de chaque lieu, il trouva qu'il ne pouvoit pas faire cette érection sans préjudicier à quantité de Villes, & il s'en abstint.

On y voit de fort belles Eglises enrichies de marbre, de Tableaux & de sculpture des meilleurs Maistres ; & des maisons de Ville capables de loger des Souverains : elles sont acompagnées de fort grandes & vastes places publiques, & bien bâties des quatres costez, sans parler des fortifications qui sont les plus régulieres de l'Europe. Ie ne diray rien des beautez de Bruxelles, d'Anvers, de Bruges, ny d'autres Villes, parce que ie ne dois pas mettre dans la Preface ce que i'explique dans le Liure; mais seulement que toutes les choses necessaires à la vie abondent en la Flandre, excepté le vin qu'elle a facilement par le moyen de son commerce

ã iij

PREFACE.

avec ses voisins. Les habitans sont de fort puissans hommes, tres-raisonnables & sans fard, tres-laborieux, & si amateurs de la parole diuine, qu'ils entendent volontiers deux ou trois Sermons à la Feste, dont ils s'entretiennent pendant la semaine.

Les voyageurs ont diuers desseins & differentes inclinations; les uns voyent le païs avec une si grande précipitation, qu'ils ne retiennent que le nom des Villes par où ils ont passé ; les autres s'arrestent à voir les belles maisons & les Eglises magnifiques ; quelques-uns à considerer les fortifications des villes; mais peu observent la maniere d'agir des peuples. C'est dont ie fais mon principal objet, sans parler de la temperature du Climat, de la situation des plaines & des montagnes, du cours des rivieres, des lacs, des estangs, des bois, des mincraux, des viandes, des poissos, de la physionomie des habitans, de leur

PREFACE.

vie & de leur nourriture, dautant que Davity, Guichardin & l'Atlas en ont traité.

Ie me contente seulement de dire quelque chose de ce qui est plus digne d'estre veu selon les sujets qui se presentent ; & ie me suis particulierement attaché à remarquer la conduite de ces peuples, parce que c'est ce qui m'a semblé plus propre à contenter nostre raison, & j'ay entr'autres choses étudié leurs vertueuses actions, & leurs pratiques de pieté, comme étant des choses conformes à ma Profession, & à quoy ie tasche autant que ie le puis de reduire mes voyages, aprés avoir appris d'un des premiers hommes de ce siecle en vertu & en science, que nous devrions établir en ce Royaume tous les saints Instituts qui sont ailleurs, & que nous n'avons pas, puisque nous ne sçaurions iamais assez faire pour Dieu.

Ie parle d'abord de l'Histoire de ces

PREFACE.

Provinces, parce qu'elle est comme un theatre où l'on voit les choses qui se sont passées, & qui peuvent servir à regler nostre conduite, en éuitant les defauts que nous y remarquons, ou en imitant ce qui le merite. Les Euesques & leurs Chapitres, les Abbez & leurs Religieux verront en suite dans la premiere partie un grand nombre de beaux exemples de pieté; les Officiers de Iustice dans la seconde, de quelle maniere on la rend, tant dans les Cours Souveraines, que subalternes: & dans la troisiéme, les gens d'épée y trouveront la description des principales fortifications, & plusieurs autres choses qui regardent la guerre, avec un tres-grand nombre de beaux reglemens. Et enfin chacun verra ce qui est de plus particulier à ces peuples.

Ie l'ay appris par ma propre experience dans la conversation des gens de lettres, & de ceux qui estoient dans

PREFACE.

les principaux emplois pour le maniment des affaires, auec lesquels ie me suis entretenu sur toutes sortes de matieres; si bien que je puis asseurer le Lecteur, que je luy fais voir en abregé comme l'ame qui anime ces Provinces, & qui leur donne le mouvement.

J'espere de faire le mesme en mon voyage d'Angleterre que je me dispose d'achever & de donner au public, & où je me promets qu'il trouvera dequoy se satisfaire. Il est prié de remarquer que je traite de la Flandre en l'estat qu'elle étoit quand j'y ay voyagé.

APPROBATIONS DES DOCTEVRS.

Nous sous-signez, certifions avoir leu un Livre intitulé *Relation d'un voyage fait en Flandres*, &c. composé par Michel de Saint Martin Docteur en Theologie, &c. auquel nous n'auons rien trouvé contre la Foy ny les bonnes mœurs ; mais au contraire, des choses rares touchant la Religion & la Politique, & qui meritent d'estre connuës. A Caën ce 8 May 1667.

Signé, PIERRE FRANÇOIS BLOVET DE CAMILLY Docteur de Sorbonne.

ROBERT VEREL Docteur en Theologie dans l'Vniversité de Caën.

PERMISSION.

IL est permis à Michel de Saint Martin Escuyer, Prestre, sieur de la Mare du Desert, Docteur en Theologie en l'Vniversité de Rome, & Protonotaire Apostolique, de faire imprimer un Livre qu'il a composé, intitulé *Relation d'un voyage fait en Flandres, en Brabant, &c.* pourveu qu'il soit approuvé des Docteurs en Theologie, selon l'Ordonnance. Et défences sont faites à tous les Libraires de ce Bailliage de l'imprimer sans la permission dudit sieur. Fait ce 20 iour de May 1667.

Signé Dv Movtier,
  Iervais.

Fautes survenuës en l'impreſſion.

Page 151. ligne 22. rayez Clemarets. Page 193. aprés S. Albert, ajouſtez & quatre autres. Page 334. ligne 7. ajouſtez Marlianus. Page 436. rayez 12 lignes déja dites. Page 580. aprés Real de Flandre, ajouſtez d'or.

ESTAT

ESTAT
DE LA FLANDRE
depuis Cesar, jusques à
François premier.

LES. Païs-bas contiennent dix-sept Provinces, qui sont connuës des Allemans sous le nom de Nidersland, ou *Germania inferior;* & des François, des Espagnols, & des Italiens, sous celuy de la Flandre, à cause que la Comté qui porte ce nom est la plus riche & la plus considerable de toutes ces Provinces. Ie m'arresteray principalement à

A

parler en cet ouvrage, de celles qui sont soûmises à la domination du Roy d'Espagne. L'Origine de ces peuples est fort incertaine, & quoy qu'vn plus grand nōbre d'Auteurs ayent plus écrit de ce pays que d'aucun autre de pareille étenduë; cependant ils n'en ont pû si bien éclaircir les antiquitez, qu'ils n'y ayent laissé beaucoup d'obscurité & de confusion. L'Histoire de Hainaut par le Febvre; celle de Gilbert Preuost de l'Eglise de Namur, qui porte pour titre, la grande Chronique de Hainaut; les antiquitez de la Gaule Belgique, par Wassebourg, donnent à ces Provinces des Roys & des Princes, dont ils vont rechercher l'origine iusques dans les cendres de Troye la grande, mais ie ne voy pas qu'on puisse s'arrester à leurs recherches qui paroissent fabuleuses & trop éloignées de la verité. Pour en parler avec plus de certitude, ie m'arreste à ce que Cesar a écrit de ces peuples dans le second livre de ses Commentaires, où il dit, qu'aprés avoir soûmis à son obeïssance les Peuples de Soissons, d'Amiens & de Beauvais, il alla contre les Nerviens, qui sont ceux de Hainaut & de Cambresis, qu'ayant marché durant trois jours sur leurs terres, il les combatit, & que la Victoire fut long-temps contestée; mais qu'enfin il la remporta. Ceux de Namur qui acouroient à leur secours ayant apris la nouvelle de cette défaite, retournerent sur leurs

4 *Estat de la Flandre depuis Cesar*
pas, & se retirerent dans la plus
forte place de leur Estat, où ils
furent assiegés, & ayant fait
vne sortie, ils perdirent quatre
mille hommes en vn lieu qui
s'appelle encore aujourd'huy
Morivaux, comme qui diroit
Mors Aduaticorum. Cesar se servant de l'occasion y fit entrer
son armée & vendit à l'encan
tout le butin, & cinquante trois
mille habitans qui s'y trouverent. Aprés qu'il eut vaincu
tous les autres peuples de la
Gaule, qui s'estoient generalement revoltés sous la conduite de Vercingentorix, la Belgique ne pouvant plus seule
s'opposer aux progrez du victorieux, fut obligée de se
soûmettre entierement à la domination des Romains.

Tacite remarque qu'aprés la

mort de ce Conquerant, aux
interests duquel ces peuples
s'estoient attachés; Auguste
son successeur voyant qu'il de-
voit toûjours craindre du côté
du Rhin, tandis qu'il y laisse-
roit les nations qui habitoient
ce fleuve, s'avisa de faire paſſer les Sicambres & les peuples de la Suaube leurs voisins,
en la Gaule Belgique, & il
en donna la commission à Tibere, qui s'en acquita avec
d'autant moins de peine qu'il
ſecondoit les inclinations des
Allemans, qui avoient si ſouvent pris les armes pour obtenir par force ce qu'on leur
accordoit alors par vne politique avantageuſe aux deux
partys: (Il ſemble que Dieu
n'attendoit que ce calme des
peuples du Rhin, toutes les

A 3

autres nations, iouïssant d'vne
profonde paix, pour envoyer
son Fils en terre, duquel les
Ecritures avoient Prophetisé
qu'il seroit ennemy du trouble
& vn Prince de paix; car ce fut
en ce temps que Iesvs-Christ
vint au monde.) Ainsi ces peuples de la Gaule Belgique goûtans avec plaisir les douceurs
du repos, s'attachoient tous
les iours davantage aux interests de ceux qui le leur avoiét
procuré. Auguste fit plusieurs
fois le voyage des Pays-bas,
où il envoya souvent Tibere
qu'il avoit adopté, pour maintenir toutes choses en paix, &
pour repousser les peuples du
Septemtrion, qui faisoient des
courses continuelles dans ces
Provinces. Il est vray que Drusus successeur de Tibere dans

son gouvernement des Gaules mit l'Estat en vn grand peril, par l'imposition d'vne Taille sur chaque teste, & que le mécontentement que les peuples en faisoient publiquement paroître, poussa les Sicambres à entreprendre vne nouvelle guerre contre les Romains: Mais Drusus ayant appaisé les esprits des Gaulois, passa le Rhin avec vne puissante armée, afin de faire perdre aux Allemans l'envie de reprendre les armes contre les sujets de l'Empire. Il prit occasion à son retour de baisser sur le Rhin, jusqu'à l'Ocean, où il subjugua les Frisons, & pour mieux maintenir cette conqueste, il entreprit le grand Canal qui retient encore aujourd'huy le nom de *Fossa Dru-*

Estat de la Flandre depuis Cesar siana, qui sert à la communication de l'Issel avec le Rhin. Il fit aussi construire plusieurs forteresses, pour empescher plus facilement les courses des ennemis.

Mastrich belle & grande ville, située sur la Meuse, étoit de ce nombre. L'Histoire Romaine remarque qu'il se servit principalement dans l'entreprise qu'il fit au delà du Rhin, des Capitaines & des Troupes de Hainaut, qui ne luy ayderent pas peu à meriter le nom de Germanicus, à cause des signalées victoires qu'il remporta par leur courage : depuis ce temps là ces nations demeurerent toûjours fidelles, iusqu'à la défaite de Quintilius Varus en la iournée de Teutebergh, où les Allemans furent

jusques à François I.
entierement defaits. Cette
nouvelle ébranla les Provinces
de deça le Rhin, Mais Aspre-
nas son Neveu estant arrivé
auſſi-toſt avec deux legions qui
n'avoient pas esté engagées
dans le combat, les retint
dans le devoir. L'année ſuivan-
te Tibere y fit encore vn voyage, pour oſter à ſes ennemis
la gloire d'avoir vaincu les Romains. En effet il en tira ven-
geance par les armes, & s'en
retourna à Rome, laiſſant en
ſa place Germanicus ſon Neveu, & Frere de Druſus, qui
s'attacha plus fortement à ſa
charge, & fit venir ſa famille
pour demeurer dans ſon Gouvernement. Elle y ſejourna
quatorze années, pendant leſquelles il gaigna l'affection
de ces peuples, qui ſe tinrent

beaucoup honorez de la naissance d'Agrippine & de Drusille, ses deux Filles, & mesme de celle de Caligula son Fils, que Pline assure estre né à la ionction de la Moselle & du Rhin. Aprés la mort d'Auguste, Germanicus voulant aller attaquer les Allemans qui avoient repris les armes, il fit faire vne flotte de mille vaisseaux dans les ports de Hollande, & sur les Rivieres de la Meuse & de l'Escaut, pour embarquer ses troupes, parce que le pays épuisé de chevaux n'en pouvoir plus fournir suffisamment pour remonter la Cavalerie. Le succez de cet armement fut si heureux, qu'il merita à son retour de triompher dans la Capitale de l'vnivers. Caligula aprés la mort de Tibere fut élevé à l'Empire, où il montra incontinent son affection pour sa patrie, & il choisit les Hollandois pour estre les gardes de sa Personne, comme étant vne nation dont il connoissoit le courage & la fidelité. L'Empereur Claudius qui luy succeda, entreprit la conqueste de la grande Bretagne, & commanda qu'on levast pour cet effet de grosses troupes dans les Pays-bas; ce voyage luy reüssit avantageusemēt, car étant de retour à Rome, il favorisa les Gaulois, qui pretendoient le droit de bourgeoisie & l'entrée libre dans les premieres charges de l'Empire, qui leur furent accordées, aussitost qu'il en vacqua.

Neron étant mort, Galba suc-

12 *Estat de la Flandre, depuis* Cesar
ceda à l'Empire, mais comme
il n'étoit pas satisfait des peuples de la Gaule Belgique qu'il
soupçonnoit d'avoir tenu le
party de Fonteius Capito son
competiteur, il cassa la compagnie des gardes de cette nation, & osta les privileges aux
principales villes, ce qui fut
cause de leur revolte, au commencement de l'an de Iesvs-
Christ 73. qu'ils ne reconnûrent pas l'Empereur Galba
qui avoit esté choisy en Espagne sans leur consentement,
& qu'ils proclamerent Vitellius en sa place. Pendant qu'il
se transporta à Rome pour assûrer sa nouvelle authorité,
les Hollandois attaquerent
ses Lieutenans sous Civilis,
Ieune homme d'vne grande
naissance parmy eux; Il remporta

porta d'abord quelque avantage considerable; Il prit Mastrich, & défit deux legions avec l'assistance de ceux de Hainaut & de Namur; mais Vespasien ayant esté reconnû seul Empereur après la mort de Vitellius, il envoya vne grosse armée contre Civilis qui le battit, & le contraignit enfin de remettre la Hollande sous la Domination de l'Empire. Depuis ce temps là l'Empereur Adrien alla par les Gaules, où il fit des largesses de plusieurs pieces de Monnoye. C'est icy où l'Histoire Romaine commence à nous manquer, ne nous ayant laissé que des fragmens.

Les François succederent aux Romains; Clodion environ l'an 437. se rendit maistre

Cesar de la Forest Charbonniere, de Tournay, de Cambray, & d'Amiens, & regna entre les Rivieres du Rhin & de Somme. Aprés luy vint Merovée son fils, ou selon quelques Autheurs parent de Clodion, qui conserva les advantages de son pere. Ce Merovée Roy des François en l'an quatre cens cinquante cinq, étendit son Royaume jusques à la Seine, qui n'étoit auparavant borné que de la Riviere de Somme; & en l'année suivante se rendit maistre de Treves, Metropolitaine de la Belgique premiere. Depuis ce temps là nos Roys jusques à Charlemagne l'ont occupée. Clothaire premier fils de Clovis, vulgairement appellé Roy de Soissons, à cause qu'il y tenoit

jusques à François I.
son Siege, commença à regner à la fin de l'année cinq cens unze, & mourut en cinq cens soixante & un. Chilperic vn de ses fils Roy de Soissons, & Clothaire second fils de Chilperic, ont possedé vne partie des dix-sept Provinces, ainsi appellées aujourd'huy, dont l'autre partie, sçavoir, Vtrech, Namur, Luxembourg, le Betau, Maftrich, Cambray, Malines, Condé sur l'Escaut, & la plufpart du Brabant, du Cambresis, du Hainaut, de Hasbain, & autres places voisines étoient occupées par les Roys d'Austrasie, vulgairement dits Roys de Mets, à cause qu'ils y tenoient leurs Sieges, sçavoir, par Theodoric premier, fils aîné de Clovis, & frere de Clothaire premier, Roy de

l'Estat de la Flandre, depuis Cesar Soissons, par Theodebert premier du nom son fils, & son successeur, & par Theoüebald ou Thibaut fils & successeur de Theodebert, qui mourant sans enfans laissa son Royaume à Clothaire son grand Oncle, frere de Theoderic I. son Ayeul.

Cette partie après la mort de Clothaire premier fut tenue par Sigibert Roy d'Austrasie, l'vn de ses quatre fils ses successeurs, & depuis par Childebert son fils, & par Theodebert second Roy d'Austrasie, fils de Childebert, puis par Dagobert le grand, Roy d'Austrasie du vivant de son pere Clothaire second, par Sigibert l'vn de ses deux fils aussi Roy d'Austrasie, par Dagobert fils de Sigibert, & par

Childeric fils de Clovis second aussi Roy d'Austrasie, Dagobert premier surnommé le grand, qui avoit la Monarchie de la France, posseda aprés la mort de son pere tous les pays, que nous appellons les dix-sept Provinces. Clovis second vn de ses deux fils, Roy de la Neustrie & de la Bourgogne: Clothaire fils aisné de Clovis & Theodoric son frere, aprés sa mort en tinrent vne partie, le reste estant occupé par les Roys d'Austrasie nommés cy-devant.

Sous les Roys suivans, qui sont les derniers de la premiere race, les Maires du Palais se rendans maistres de tout ont tenu ces dix-sept Provinces, comme tout le reste des Estats de la France, sçavoir Pepin,

1 L'Estat du bas Empire, depuis Cesar Charles Martel, & Carloman, & Pepin fils de Charles Martel. Ce Pepin de Maire du Palais s'estant fait Roy en virom l'an sept cens cinquante & vn, ou sept cens cinquante deux, tint la Monarchie de la France, & par consequent, ce que nous appellons les dix-sept Provinces, comme fit Charlemagne Empereur son fils, & Louis le debonnaire Empereur fils de Charlemagne. Aprés la mort de Louis le debonnaire, son fils aisné Lothaire Empereur tint sous le nom de Royaume de Lothaire la partie de ces dix-sept Provinces qui est au delà de l'Escaut, qu'on a depuis nommée par corruption, Lorraine qui est cette portion, dont i'ay nommé cy-dessus les princi-

pales Villes & les Provinces. Charles surnommé le Chauve, frere de Lothaire Empereur, Roy de la France occidentalle, posseda l'autre partie de ces Provinces, sçavoir l'Artois, la Comté de Flandre, & d'Ostrevant, qui faisoit vne partie du Hainaut, & qui estoit le titre ordinaire des fils aisnés des Comtes de cette Province, relevant des Roys de la France, comme estant enclavée dans les limites de leur Royaume. Louis surnommé le Begue fils de Charles le Chauue tint la portion de ces pays que son pere avoit possedée, comme firent aussi Louis & Carloman les deux fils & successeurs du Begue; l'autre partie au delà de l'Escaut fut possedée par Lothaire Roy de

Estat de la Flandre depuis Cesar
Lorraine vn des fils de Lothaire Empereur, & aprés sa mort qui arriva en l'an 869. elle fut partagée entre ses deux Oncles paternels, Louis Roy de Germanie & Charles le Chauve Roy de la France occidentalle. Louis le Begue, dont ie viens de parler, herita de la portion de ces pays que son pere avoit possedée tant de celle qui est située au deçà de l'Escaut, qui estoit vn membre de la France occidentalle, que delà l'Escaut, portion écheüe à son pere par la mort de Lothaire Roy de Lorraine son neveu, Louis & Carloman fils de Louis le Begue, conservèrent la partie de la Belgique delà l'Escaut, que Louis le Begue, & leur ayeul Charles le Chauve avoient tenuë; mais

ils perdirent l'autre partie de l'Escaut, qui estoit escheüe à leur ayeur par la mort de Lothaire son neveu, laquelle portion fut donnée à Louis fils de Louis Roy de Germanie, pour le détourner de la guerre qu'il vouloit faire en France à ses cousins Louis & Carloman Roys de la France occidentalle. Aprés ce Louis, Charles le Gros Empereur son frere tint avec la Monarchie de la France, ce que nous appellons aujourd'huy les dix-sept Provinces. Eudes Roy de la France occidentalle aprés la mort de Charles le Gros tint la portion de ces pays, situee deçà l'Escaut, qui estoit des dépendances de son Royaume: l'autre partie qui est au delà de l'Escaut fut en mesme temps poscedée par l'Empereur Arnoul, qui occupoit la Lorraine, & en suite par Zuendebold son fils naturel, Roy de Lorraine, & depuis par le Roy Louis son fils legitime. Charles surnommé le Simple, fut quelque téps Monarque de la France, & comme tel il eut sous sa domination tout ce que nous appellons à present les dix-sept Provinces, ayant joint à la France occidentalle le Royaume de Lorraine; mais cela ne dura pas long-temps. Aprés luy Rodolfe ou Raoul, fut éleu Roy de la France occidentalle, & tint sous son hommage, la partie de ces Provinces qui est deçà l'Escaut, comme firent les trois derniers Roys de la seconde race qui le suivirent. La partie de ces pays qui est de la l'Escaut passa en main étrangere aprés la mort du Roy Louis fils de l'Empereur Arnoul, & fut possedée par les Othons qui l'ont transmise aux Empereurs d'Allemagne. Les Roys de France de la troisiéme race se sont maintenus dans la possession de la Souveraineté & du droit d'hommage sur les Seigneurs qui tenoient la partie sise deçà l'Escaut; sçavoir sur les Comtes de Flandre, d'Artois, & d'Ostrevant.

Ie ne feray point vn dénombrement des Comtes qui ont tenu la Flandre sous nos Roys, iugeant que cela n'est pas necessaire. Ie ne rapporteray point aussi, comme Philippes surnommé le hardy, Duc de Bourgogne, fils de

Iean Roy de la France, & frere de Charles V. surnommé le sage, obtint la Flandre en épousant Marguerite de Flandre, fille vnique de Louis troisiéme, Comte de Flandre, dite de Malle & de Marguerite de Brabant, qui eurent entr'autres fils, Iean Duc de Bourgogne, & Antoine de Bourgogne, Duc de Brabant. A Iean succeda Philippes le Bon, Duc de Bourgogne, de Brabant, de Luxembourg, & de Limbourg, Comte de Flandre, d'Artois, de Hainaut, d'Hollande, de Zelande, de Namur, & de Charollois, dont le fils vnique & le seul heritier Charles, ne laissa qu'vne fille, & heritiere presomptive, Marie de Bourgogne, qui porta tous ses grands estats à la maison

… jusques à François I.
son d'Austriche par le Mariage, qu'elle contracta avec l'Archiduc Maximilien d'Austriche, fils de l'Empereur Frederic troisiéme, qui en eut vn fils nommé Philippes Archiduc d'Austriche, heritier de tous les Pays-bas du chef de sa Mere, & Roy d'Espagne du chef de sa Femme Ieanne, fille de Ferdinand, & d'Isabelle, hesitiere vnique des Royaumes de Castille, d'Arragon, de Grenade & de Leon. Ce Philippes d'Austriche premier du nom Roy d'Espagne, eut de Ieanne sa Femme, Charles V. Empereur & Roy d'Espagne, & Seigneur des Pays-bas: à qui ont succedé Philippes I. Philippes II. Philippes III. Philippes IV. & Charles II. Ie ne parleray point de leurs

C

26 Estat de la Flandre, depuis Cesar belles actions, nos histoires estant pleines & toutes recentes de ce qui s'est passé sous leurs gouvernemens.

Ie prie le Lecteur d'excuser, de ce que les Citations sont dans le corps de ce Livre contre la coûtume de plusieurs Autheurs, l'Imprimeur m'ayant dit qu'il ne les peut mettre à la marge.

DES IDOLES
qui ont esté dans les Pays-bas.

IL seroit superflu de m'arrester à prouver, qu'il y a eu des Idoles dans les Pays-bas, puisque les ruines de leurs Temples, qu'on voit encore aujourd'huy, sont des témoignages asseurés, que l'Idolatrie n'y fut pas moindre, qu'est aujourd'huy le Culte du veritable Dieu, mais bien que l'on n'adore pas maintenant les faux Dieux dans ces

C 2

pays, il est neanmoins à propos pour en avoir vne connoissance plus particuliere, de parler sommairement de ceux qu'on y honoroit autrefois.

Les Peuples de Cambray adoroient vn veau d'or, au lieu où est maintenant la Citadelle de la Ville. *Gelic. en ses antiquités de Cambray.* La Legion de Iules Cesar, laquelle y bâtissoit durant l'hyver vn Amphitheatre, y en trouva encore quelques restes au mont appellé des Bœufs : Ils rendoient aussi des honneurs divins à d'autres Idoles. Car S. Servais estant arrivé à Cambray environ l'an 300. pour y prescher l'Evangile, il trouua que les habitans estoient fort adonnés au Culte du Dieu Pan, qu'ils invoquoient pour la conservation de leurs troupeaux. *Annal. de Haynaut par Gilbert.*

L'Empereur Valentinien fit abatre prés de Valenciennes l'Idole d'Isis, que les peuples honoroient sur le mont d'Aisin. La Deesse Vesta, que les Philosophes tenoient pour le principe de toutes choses, étoit adorée en la mesme ville, en vn lieu, où est aujourd'huy vn Hospital appellé l'Hostellerie, dans lequel, selon la tradition du pays, des Religieuses Payennes appellées Vestales, gardoient le Feu sacré du Temple. Il y avoit encore d'autres Idoles en l'endroit, où est maintenant l'Abbaye de saint Iean.

Les Prestres de Fan-mars, qui estoit vne ville éloignée

de quatre lieuës de Valenciennes, & qui n'est plus qu'vn Bourg, receurent de si mauuais traitemens de leur Seigneur, qui les menaçoit de brusler leur Temple & d'en prendre les Thresors, qu'ils furent contraints de se retirer vers la ville de l'Isle en vn lieu independant de sa Iurisdiction, où ils en bastirent vn autre, qui a donné à ce lieu le nom de Temple-mars : *Iacob. de Guyse l. 7. Ann.* Il est probable que saint Piat le fit abatre, lors qu'il demeuroit à Seclin, qui en est seulement éloigné de trois quarts de lieuë. Les habitans de Templeuve, qui est vn village situé entre Doüay & l'Isle, estoient aussi Idolatres, & ils avoient vn Temple dedié à Iupiter.

Froidure dit, que saint Martin vint en ce quartier pour y détruire l'Idolatrie, & Severe Sulpice rapporte au premier Tome du Livre cinquiéme de la vie de S. Martin, que ce grand saint fit abatre vn vieil Temple en vn certain village de cette contrée; il y a maintenant en sa place vne Abbaye appellée Phalampin, & l'ancienne Chronique de Tournay semble appuyer cette opinion. A Anvers l'on adoroit Priape, dont l'Image estoit gravée sur la porte du Chasteau; *Guichardin en parlant d'Anvers.* A Gand, Mercure Autheur du Commerce; à Namur le Dieu Nam; on tient que cette Idole a esté enchassée dans vn pilier de l'Eglise Collegiale de Nôtre

Dame en la mesme ville, lors qu'on la fit bastir. A Arlon il y avoit vn Temple consacré à la Lune; à Luxembourg, vn autre à la Lumiere, qu'on adoroit comme vne Deesse, ce qui donna lieu d'appeller cette ville *Lucisburgum. Berthel. in hist. Luxemb.*

Diane s'appelloit chez les anciens Gaulois Ardoina, d'où le nom d'Ardenna a esté donné à la grande Forest qui est entre le Liege, le Luxembourg, & la Comté de Namur, il y a eu vne autre Forest de ce mesme nom dans le Territoire de Bayeux, le mesme Autheur estime qu'on leur a donné ce nom, parce qu'elles estoient dediées à Diane. *Bucher. in Belg. Rom.*

On voit à Dinan vn lieu

creusé dans le Roc en forme d'vn petit Temple avec vne table au milieu, où l'on tient que les Prestres faisoient leurs Sacrifices ; cette ville estoit aux extremités de la Forest d'Ardenne.

Le village de Beligny étoit dedié à Apollon, que les Gaulois appelloient Belenus, il est situé proche de Bauay, qui estoit la plus grande ville de cette contrée, lors que les Romains tenoient ces pays sous leur domination. Les sept grands chemins militaires, qui conduisent en France, en Angleterre, & en Allemagne, viennent tous aboutir à la grande place de cette ancienne ville, qui n'est plus qu'vn petit village ruiné. Les restes de ses Aqueducs & de ses Amphitheatres sont presque tous démolis, & ne servent qu'à faire voir l'inconstance des choses de ce monde, mais l'Eglise Romaine a eu l'avantage de triompher en ces Provinces de toutes les Idoles, par les travaux de saint Piat, saint Chrysole, saint Eleuthere & autres Saints, nonobstant la resistance des Prestres, qui tâchoient d'entretenir le culte de ces faux Dieux, à cause des revenus qu'ils en tiroient, & l'inclination des Princes à maintenir vne Religion conforme à leurs sens & à la tradition de leurs Ancestres.

DE L'ETABLIS-
sement de la Religion.

LES Peuples des Pays-bas ayant esté beaucoup favorisez de Dieu, & la Religion Chrestienne estant le plus grand bien, qui puisse arriver aux hommes, ils ont eu le bon-heur de la recevoir par le moyen de l'Apostre saint Pierre, qui envoya plusieurs de ses Disciples dans les Gaules, afin d'y porter les premieres lumieres de l'Evangile. S. Eleuthere fonda l'Eglise de Treves, S. Valere celle de

Cologne, S. Materne convertit les habitans de Treves, de Cologne, de Tongres, & autres peuples voisins, *Martyrolog. Rom. 15. Septemb*. Il fut aussi Evesque de cette derniere ville, dont il fonda l'Evesché, fit bastir les Eglises de Mastrich, d'Huy, de Dinan, de Walcourt, de Hastie, & de Namur, & établit la Religion Catholique dans le quartier de la Meuse. Selon plusieurs Autheurs, la Province de Namur a l'avantage entre les dix-sept des Pays-bas, d'avoir receu la premiere la Foy de IESVS-CHRIST, & d'avoir si bien perseveré, qu'on ne lit pas dans l'Histoire, qu'elle ait jamais quitté la vraye Religion, nonobstant la cruauté des Wandales & autres barbares,

bares, ny pour les heresies de Luther & de Calvin, qui se sont répandues par tout leur voisinage, & ont esté appuyées de la rebellion des peuples. *Monæus in Sacr. Namur.* Ce qui obligea le Pape Clement VIII. d'envoyer vn bref à Jacques Evesque de Namur, où il loüe Dieu d'apprendre, que les habitans ont toûjours perseveré en la Religion Catholique, Apostolique & Romaine, & qu'il ne s'y trouve aucun Heretique. *Sacræ Namurc.* Quinze Saints Evesques ont succedé à Saint Materne dans l'espace de cinquante ans, & ont cimenté les fondemens de cette nouvelle Eglise par leur Sang; celle de Tongres honore particulierement la memoire de
D

saint Martin Evesque de Tongres, Apostre des Hesbains, fils de Martin, I. Comte Chrétien de Namur : Ce S. Prelat a fait bastir plus de cent Eglises en ce pays. *Sacr. Namurc.*

Saint Piat & faint Eleuthere premiers Apostres de l'Eglise de Tournay, y entrerent du costé du Nord environ l'an deux cens soixante, au mesme temps que Saint Victorique & S. Fuscien preschoient la parole de Dieu du costé du Midy. *Hist. Torn. li. 2. c. 1.* Mais le passage de plusieurs nations barbares, qui sortirent peu aprés, pour venir inonder ces belles Provinces, empescha le progrés de la Religion Chrétienne. Ce fut en ce temps que la persecution de Diocletien commença dans les Gaules sous le President Rictiovare, qui fit mourir à Treves & autres lieux, vne infinité de Chrétiens, dont les Reliques y ont toûjours été en grande veneratiō. *Severus l. 2.* Saint Victorique & Saint Fuscien, aprés avoir travaillé à la conversion des peuples d'Artois & de Therouënne, furent couronnez du Martyre en la ville d'Amiens. *Martyrolog. Rom.* Le Pape Melchiades l'ayant appris, il envoya en leur place sainte Benoîte avec ses douze Compagnes, qui travaillerent à leur exemple dans ce Diocese, & porterent principalement leur sexe à la devotion. *Hist. Mor. l. 2. c. 16.* S. Eleuthere gaigna à IESUS-CHRIST environ trente mille personnes dans la ville de Tournay durant six semaines, & souffrit constamment la mort pour la Foy. *Gazet. en son hist. Eccles.* S. Chrysole & son Compagnon furent decapités à Vielenghien, & comme un autre S. Denys, qui aprés avoir eu la teste tranchée, la porta depuis Mont-martre jusques à Saint Denys en France, celui-cy porta la sienne jusques à la ville de Commines, qui est éloignée de deux lieuës de Vielenghien. *Ioann. Cousin hist. Tornac. l. 1. c. 14.* Mais la providence qui conduit toutes choses pour le bien de ses éleus, reserva saint Eubert leur Compagnon, afin d'entretenir par ses travaux les nouvelles Conquestes, qu'ils avoient faites à Iesvs-Christ. Il finit glorieusement ses jours à Seclin, d'où son Corps fut transporté à l'Isle, où il est reveré comme l'Apostre du Païs.

Aprés l'horrible massacre de tant de Saints, & de plus de quatre millions de Chrétiens, Diocletien & Maximien voyant qu'ils n'avoient peu exterminer le Christianisme, mais qu'au contraire il renaissoit toûjours de plus en plus par la mort des Fidelles; portés de desespoir, ils dépouillerent en vn mesme jour la pourpre Imperiale, qui fut en l'an 304. *Baro. ad Ann. 304.* & ils moururent miserablement, Maximien ayant esté pendu par les Soldats de Constantin l'an 307. & Diocletien empoisonné. *Eutropius.* Constantius Chlorus, & Galerius, qu'ils avoient choisis pour leurs Succeſſeurs, partagerent l'Empire entre eux deux; le premier vint établir ſa Cour à Treves, où il aſſiſta de ſon authorité les Chrétiens, & leur donna le temps de reſpirer ſous la douceur de ſon gouvernement ; il choiſit meſme les plus affectionnez au Chriſtianiſme pour eſtre les Gardes de ſa Perſonne, & diſt que ceux qui n'avoient peu eſtre infidelles à Dieu, ne le ſeroient pas facilement à leur Prince. *Sozomen. l. 1. c. 6.* Baronius confirme ſon zele pour la Foy Catholique, & dit qu'il regla ſon Palais, comme vne Egliſe, où les Preſtres offroient perpetuellement à Dieu des vœux & des Sacrifices pour la proſperité de

son Regne. *Baronius ann. 306.*
Mais le bien de ses affaires l'ayant obligé d'aller en Angleterre, qui étoit vne des Provinces de son partage, il y finit ses jours, & declara son fils Constantin Successeur de son Empire, lequel à la sortie de ce Royaume, prit le chemin de Treves, où estant arrivé, il reçeut d'abord des plaintes contre les Chefs des François, qui avoient depuis la mort de son Pere fait des entreprises contre le bien public, ce qui l'obligea de les abandonner à la severité des loix, pour servir d'exemple à toute l'armée, & il continua de s'appliquer à son gouvernement avec vne bonté, qui acheva de luy acquerir les affections de tous ses sujets.

Sozomene remarque que les Predicateurs de l'Evangile se servirent de l'affection que ce Prince avoit à la Religion Catholique, pour en avancer les affaires, & qu'il fut instruit des premiers principes de la Foy Chrétienne dans la Gaule Belgique, par Saint Materne second de ce nom, Evesque de Tongres. *Belg. Rom. lib. 8. c. 5.* Il y rencontra vne occasion favorable de l'embrasser, ayant apperceu le signe de la Croix, qui luy apparut en plein midy sur le bord de la Moselle vers le pays de Luxembourg, lors qu'il marchoit contre le Tyran Maxence. *Belg. Rom. ibid.* Il vit en mesme temps des legions d'Esprits Bien-heureux arriver à son secours, qui remplirent son esprit de confiance, & toutes les Gaules d'admiration. *Nazar. in Paneg. ad Const. Imp.*

Les Eglises de Cambray & d'Atras furent fondées vers ce temps là, par le zele infatigable de Saint Diogene, Grec de Nation leur premier Evesque. *Le Carpent. en son hist. de Camb. partie 2.* Il fut envoyé en ce pays par Saint Sirice Pape, environ l'an 308. où selon quelques Autheurs, par les soins de Constantin le Grand, qu'on dit avoir reglé les affaires de l'Eglise en ces contrées, où il avoit appris les premiers elemens du Christianisme de Saint Materne, second de ce nom. *Belgium Rom. li. 8. c. 5.* Les François qui avoient demeuré long-temps dans la Gueldre sur les bords du Rhin, pousserent leurs Conquestes dans les Pays-bas au commencement du cinquiéme siecle, & vinrent mettre le siege de leur Empire au Château d'Ispargum, où ils publierent les loix fondamentales de leur Monarchie, selon l'observation du Docte Vendelin, *Baro. ad ann. 420.* De là ils s'avancerent jusques à Tournay & Cambray, mais comme cette nation belliqueuse n'avoit pas encore receu la Foy Catholique, elle ne favorisoit pas le progrés de l'Evangile, ce qui fut cause que les Eglises des Pays-bas demeurerent environ cent ans sans Pasteurs, jusques à ce que Saint Remy les rétablit aprés le Baptesme du Roy Clovis, qui fît triompher la Foy Catholique dans ces Provinces, reparant les Eglises ruinées par la fureur des barbares, & protegeant les Catholiques contre les Infidelles. Saint Vaast qui avoit catechifé le Roy, fut envoyé pour lors à Cambray & à Arras, Agricolaus à Tongres, Theodore à Tournay, & Altimonde à Theroüenne. Le mariage d'Ausbert Senateur avec Blitilde petite fille de Clovis, donna des Princes à ce pays, qui se rendirent encore plus recommandables par leur vertu, que par leur naissance; Car sans m'arrester à parler des belles actions de Saint Arnoul Evefque de Mets, qui abandonna toutes ses belles Terres pour servir

Dieu avec plus de liberté, son fils Ansigise se maria avec sainte Begue, fille de Saint Pepin de Landennes, Duc de Brabant, & de sainte Ide, sœur de sainte Gertrude de Nivelle. S. Adalbalde Duc de Doüay de la mesme famille, eut de sainte Rictrude sa femme Saint Mauront, sainte Eusebie, Closende & Adellende, qui quitterent le monde pour embrasser la vie Religieuse dans le Monastere de Marchennes, que leur mere avoit fondé & fait bâtir avec des maisons separées pour les Religieux, & pour les Religieuses. *Annal. de Brab. l. 1. Ann. Gallo Flandr. l. 2. ann. 658.* L'autre lignée de cette maison, qui commandoit dans le Haynaut, n'estoit pas moins
feconde

feconde en sainteté, le Martyrologe au trentiéme de Ianvier parle de sainte Aldegonde, qui vivoit saintement au Monastere de Maubeuge du temps de Dagobert Roy de France. Sainte Amelbergue eut de son mary Saint Wigbert trois filles d'vne rare sainteté, sainte Pharailde, sainte Reneilde, & sainte Gudule Patrône de Bruxelles. S. Vincent Mary de sainte Vaudrude, pere de quatre Saints enfans, S. Landoy, Sainte Maldsberthe, sainte Aldetrude, & Saint Dentelin. Ayant esté Viceroy d'Escosse pour le Roy de France son Cousin, il en amena vn grand nombre de saints Religieux, qui bâtirent des Monasteres en divers endroits de la France, &

porterent efficacement les peuples à la vertu, à laquelle ils étoient desia attirés par la Sainteté de leur Prince. *Annal. de Hainaut.* Saint Vangregesil Connêtable sous le Roy Dagobert, persuada sa femme de garder la Virginité, sans rien dire des S. Basin, Iuste, & winoch de Sang Royal.

Le septiéme siecle a été sans doute vn siecle d'or pour les Pays-bas, puis qu'il a porté plus de six-vingt personnes illustres, où par leur naissance, où par leurs dignités Ecclesiastiques, qui ont merité de trouver vn rang honorable entre les Saints, & ont fondé vne grande quantité de Monasteres, qui sont encore auiourd'huy les illustres monumens de leur pieté. *Ima-*

go primi sæculi soc. Iesu l. 6. Or. 2. Enfin les autres siecles suivans ont donné tant de saints à l'Eglise, que le Cardinal Bellarmin a esté obligé d'avoüer, que la Flandre luy en a plus fourny, que d'autres pays de la Chrétienté deux fois plus étendus.

L'heresie ne laissa pas neantmoins de s'introduire autrefois dans les Païs-bas, par le moyen des marchands étrangers, & par les troupes des Suisses, & des Allemans, qui avoient servi l'Empereur Charles, & le Roy Philippes dans les Guerres. Les Anabaptistes de la Frise, & de la Westphalie s'y joignirent, ainsi que la plus grande partie de trente mille Heretiques chassés d'Angleterre par la

Reyne Marie; ce qui rendit leur parti si puissant, qu'ils avoient déja des Temples dans Tournay, Malines, Gand, Anvers, & autres lieux, & des armées sur pied dans la campagne. Mais ils passerent encore bien plus avant, car ils pillerét les Eglises à Anvers & autres villes, chasserét les Religieux des Monasteres, brûlerent leurs Bibliotheques. Et ayant pour chef le Prince d'Orange homme puissant tant pour les places fortes, qu'il possedoit en ces pays, que pour ses grandes alliances, ils eussent massacré tous les Catholiques, si Marguerite d'Austriche Duchesse de Parme, Fille naturelle de Charles Quint, & Gouvernante des Pays-bas en l'an 1551. n'ût été secouruë par le Pape Paul IV. & par le Roy Philippes II. son Frere, qui luy envoya trois cẽs mille écus pour subvenir aux frais de la Guerre. Assistée de la sorte elle entra dans Anvers comme en triomphe avec l'applaudissement general des peuples, & elle rendit à la Religion son premier lustre, faisant relever & benir les Autels & les Eglises, qui avoient été profanées, & y pourvoyant de vigilans Curés, & de vertueux Ecclesiastiques. Aprés cela elle fit démolir les Temples des Heretiques, & châtier les coupables ; si bien que depuis le premier Edit de Charles jusques à la paix, il y en ût plus de cinquante mille mis à mort. *Hist. Del. Conc. Trident.*

di Pietro Soave Polano. l. 5. Et il n'y a plus graces à Dieu maintenant d'autre exercice de Religion aux Pays-bas, dans les terres qui appartiennent au Roy d'Espagne, que de la Catholique, Apostolique & Romaine.

DES EVESCHE'S.

ES Eveschés font beaucoup d'honneur aux villes, & y apportent beaucoup d'vtilité, par ce qu'on y va prendre les Saints Ordres, assister aux Synodes, plaider à la Cour Ecclesiastique, recevoir la Collation des Benefices, & les ordres necessaires pour la direction des Dioceses: C'est ce qui obligea Philippes II. d'obtenir l'erection de 3. Archeveschés, Malines, Cambray, Vtrecht, & de 13. Eveschés, Anvers, Bosleduc, Gand, Bruges, Ipres, S. Omer, Namur;

Harlem, Middelbourg, Leuvarden, Groningue, Ruremonde, & Deventer, ausquels sa Sainteté donna le revenu de quelques riches Abbayes, ce qu'elle confirma par vne Bulle. *Hist. Del. Conc. Trident. di Pietro Soave Polano. l. 5.*

La pieté des Prelats de ce pays paroît dés l'entrée de leurs Palais, car il y a sur la premiere porte des Evefchés de Gand, de Tournay, & autres, de grandes Images de nôtre Dame en relief, afin que tous ceux qui les voient, soient instruits de la veneration que nous deuons avoir pour la Mere de Dieu nôtre puissante Advocate. Ils font vne fois en trois ans vne assemblée pour la reformation de leur Clergé : quelques vns logent les

Doyens Ruraux pour leur faciliter les moyens de les entretenir des desordres qui se passent aux lieux, dont ils ōt la charge; ce que pratiquoit Mathias Hovius Archevesque de Malines. *Arnoldus Raissius in Belgica Christiana.* Et comme il est fort à propos, que les membres se conforment à leur Chef, ces Prelats suivent l'Eglise Romaine non seulement aux choses essentielles à la Religion, mais encore en la plûpart de ses coûtumes.

Le Roy d'Espagne nomme aux Eveschés, & sa Sainteté en donne les Bulles. Elle a toûjours vn Nonce à Bruxelles, qui est vn Evesque, ou vn Archevesque; si vn Prince de la Maison d'Espagne gouverne les Pays-bas; s'il y a vne autre personne pour gouverneur, il n'y a qu'vn Internonce, dont la qualité est moindre que celle d'Euesque: ils tâchent l'vn ou l'autre de maintenir la Religion, & les interests du S. Siege.

DES EVESQVES.
Illustres.

LE bon exemple des Prelats pouvant étre beaucoup vtile, particulieremét aux Ecclesiastiques, & les obliger à imiter leurs vertus, ie parleray de celuy, qu'ont donné depuis vn siecle quelques Archevesques & Evesques, car si ie voulois faire mention des merites de ceux qui les ont precedé, il me faudroit faire de gros volumes.

Antoine Perenotte de Granuelle, Cardinal & Archevesque

de Malines, a bien deffendu la Religion & a été estimé le plus grand homme d'Estat de son temps. Il parloit sept langues. *Strada fait son eloge dans son histoire.*

Guillaume d'Amasi Lindan, Evesque de Ruremonde fit paroître son courage dans la resistance, avec laquelle il s'opposa au progrés de l'heresie. Sa profonde erudition paroît dans prés de 80. volumes, qu'il a donnés au public. *Baro. en ses Notes sur le Martyrolog. au 23. de Nou. Hauens. l. de Creat. novorum Episc. Valer. Andreas.*

François Richardot Evesque d'Arras personnage d'vn eminent sçavoir & d'vne eloquence extraordinaire, harangua avec beaucoup de succés au Concile de Trente. *Manuss. epist.* 11. *l.* 6.

François Sonnius Evesque d'Anvers & Docteur de Louvain fut envoyé à Rome pour traiter avec Paul IV. de l'erection des nouveaux Eveschés, où sa prudence a conduire vne affaire de cette importance luy acquît l'estime de toute la Cour de Rome, il parut avec éclat au Concile de Trente & au Colloque de Wormes, & il a écrit fort doctement contre les heretiques. *Miræi Elogia Belgica. Valer. Andreas. Raiss.*

Iean Malderus qui fut aussi Evesque d'Anvers estoit vn excellent Theologien, comme il le paroît par les livres qu'il a composés.

Iean de Vendeville Evesque

de Tournay s'est signalé contre les Heretiques, sa vie écrite par Zoesius Evesque de Bosleduc peut servir de modelle aux Prelats, pour estre remplie d'actions tres-remarquables.

Iean Miræus Evesque d'Anvers étoit vn homme tres-sçavant, il avoit commencé à écrire de nôtre Dame de Montaigu, mais la mort l'empescha de poursuivre cet ouvrage, que Iuste Lipse a donné au public.

Lævinus Torrentius Archevesque de Malines Fondateur des Peres Iesuites de Louvain fut envoyé en plusieurs ambassades, dont il s'acquita dignement.

Martinus Rythovius premier Evesque d'Ypres fut deputé au Concile de Trente, & à Vuormes. *Florent. Vandelhaer l. 1. c. 11. Tumult. Belg. fait son eloge.*

Maximilien de Bergues Archevesque de Cambray, grand pour sa naissance, & encore plus à cause de son zele pour la Religion, assembla le premier aprés le Concile de Trente, vn Synode Provincial pour la reformation de son Clergé.

Paul Bondot Evesque d'Arras Docteur de Sorbone, fut vn tres grand Predicateur. Il avoit vne grande connoissance des lettres Grecques & Hebraiques.

Guillaume Alain Anglois Docteur de Doüay, a étably les Colleges de sa Nation à Rheims & à Doüay, estant ap-

F 2

pellé à Rome par Sixte cinquiéme, sa Sainteté le fit Cardinal & Archevesque de Malines.

Cornelius Iansenius apres avoir paru avec éclat au Concile de Trente fut nommé à l'Evesché de Gand. *Baronius to. 5. Annal.* louë son livre intitulé *Concordantia Evangelica*, Et Sanderus fait son Eloge *l. rerum Gandau.*

Antoine de Rayvin Evesque d'Ypres a fondé le College du mesme nom en l'Vniversité de Doüay.

Iean d'Auvin Evesque de Namur a fondé les Peres Iesuites en la mesme Ville.

François VVanderburch Archevesque de Cambray a fait bâtir vne tres belle maison pour les Filles de S. Agnes,

& a laissé vn fond considerable pour bâtir vne Eglise aux Peres de la Compagnie de Iesus à Cambray.

Herman Ottemberg Euesque d'Arras à bâti & fondé la maison des Peres de l'Oratoire à Doüay.

Iacques Blasæus Euesque de saint Omer à fondé le Nouiciat des Iesuites Anglois à Owate, qui est éloigné de deux lieuës de cette ville. *Henricus Morinus in hist. Provinc. Anglic. soc. Iesu l. 7.*

Antoine de Hennin Euesque d'Ypres, a bâti & doté à Doüay le Seminaire de Hennin.

Mathieu Moulart, Euesque d'Arras a aussi fondé le Seminaire qui porte son nom.

Les Euesques de la Prouinuince Gallo-Belgique ont fondé le Seminaire Prouincial de Doüay, dit vulgairement des Euesques, où l'on cleve en la pieté & en la science, quantité de Ieunes gens qui rendent en suite de bons seruices à l'Eglise. Ils sont souuent pourueus aux Cures du Païs qui se donnent tant par les Euesques, que par les Abbés, & Gentils-hommes, à ceux qui font paroître plus de suffisance deuant les Examinateurs, qui nomment aux Ecclesiastiques, vn des pretendans; parce qu'ils sont tenus de leur enuoyer le plus digne, & trois de chaque concours aux Gentils-hommes qui choisissent celuy qu'ils veulent.

DES CHAPITRES
des Eglises Cathedrales & Collegiales.

Il y a plusieurs celebres Chapitres en ces Pais, & entre autres celuy de Mastrich qui se sert du Breviaire de Rome, & en pratique les ceremonies; il a Iurisdiction civile & criminelle, & peut condamner à la mort, sans y appeller ses Officiers seculiers, par vn privilege special qui luy a esté accordé par sa Sainteté, depuis que la ville n'est plus au Roy d'Espagne, mais aux Holandois.

Les Ecclesiastiques n'y ont pas toute la liberté de faire leurs fonctions, qu'ils avoient auparavant, car ny les Chanoines, ny les Curés des Egises ne peuvét porter le S. Sacremét en Procession qu'à l'entour de leurs Cloistres, ny aux malades, que sous le manteau, & sans surplis, qu'il ne peuvent aussi porter par la ville aux enterremens. Il ne leur est point permis d'aller voir à l'extremité de la vie les malades de la Religion pretendue pour recevoir l'abjuration de leur heresie, si étant en bonne santé ils n'ont declaré devant deux témoins dignes de Foy qu'ils avoient dessein de se convertir, ny de recevoir publiquement la Profession de Foy d'vn Heretique. Neanmoins les Estats permettent aux Ecclesiastiques tant Seculiers que Reguliers de sonner leurs cloches jour & nuit, ausquels ils ont aussi laissé les Images & monumens de pieté, qui étoient à l'entrée des Eglises & des Monasteres, souffrant mesme que les Religieux portent leurs habits par la ville : Mais depeur qu'il n'arrive quelque sedition, lors que le mesme Chapitre fait la Procession du saint Sacrement, le Gouuerneur fait monter à cheval des compagnies de Caualerie, qui ayant les armes à la main, se tiennent prés de l'Eglise jusques à la fin de la ceremonie.

Quand le Doyen de la Cathedrale prend poſſeſſion de ſa Dignité, il fait vne entrée fort magnifique. Deux Bedeaux, qui ſont de riches Bourgeois, leſquels joüiſſent de beaux privileges en faveur de leur charge, le vont querir en ſa maiſon au Dimanche, & quatre aux Feſtes ſolemnelles; & le reconduiſent aprés le Service. Ce Chapitre a l'honneur d'avoir le Duc de Brabant pour premier Chanoine, & en cette qualité l'Empereur Charles Quint y prît poſſeſſion de ſa Chanoinie l'Aumuſſe ſur le bras. Ils ont en leur Egliſe vne Chapelle bien decorée, qu'vn de nos Roys y a fait bâtir. Ie diray en paſſant que le Patron de Maſtrich eſt Saint Servais qu'en a eſté Eveſque; pluſieurs Au-

Cathedrales & Collegiales. 71
theurs tiennent qu'il a vescu trois âges d'homme, & que Louis XI. Roy de France l'honoroit particulierement pour obtenir de Dieu par son intercession vne longue vie.

Ils content encore vingt & vn autres saints Evesques du mesme lieu, qui sont tous representés dans de fort belles tapisseries que l'on tend dans leur Eglise aux Festes solemnelles. Ce Chapitre ne depend que de sa Sainteté quant au Spirituel, non plus que ceux de Cambray, Bruges, l'Isle & quelques autres.

En la Cathedrale de Gand, lorsque l'Officiant au Chœur donne de l'encens par l'Eglise, il est precedé de deux Bedeaux, qui portent de grosses masses d'argent avec de grands colets de velours à leurs robes, & suivi de 2. éfans de Chœur, & quand l'Evesque y va Officier, il est accompagné de quantité d'Ecclesiastiques revétus de surplis, ainsi que quand il retourne en son Palais.

Les Chanoines de Bruges jugent avec l'Official, ayant leurs surplis.

A Cambray, Namur, saint Omer & autres Chapitres, des personnes de condition ont fondé des Chanoinies, qu'ils ont affectées à des Gentilshommes, d'autant que cette qualité fait honneur à la Religion, & que selon Cassiodore : *spectat ad ornatum palatij aptas dignitatibus personas eligere ; nam de dignitate servorum crescit fama dominorum.* Bien qu'il y ait vn grand nombre
de

de Chanoines en ces païs là, on l'augmente encore de jour en jour, & l'on m'a mandé depuis que ie suis de retour en France, qui fut en 1662. que de vertueux & riches Ecclesiastiques ont fondé à Anuers dans l'Eglise de saint Iacques des Prebendes à perpetuité, & que d'autres personnes pieuses en ont aussi fondé à Malines dans l'Eglise de nôtre Dame.

Les Chanoines de S. Omer se trouvent à la maison de ville, où ils ont voix deliberatiue auec distribution, quand ils assistent à la rendition des Comptes du reuenu; ce qui leur est commun auec plusieurs autres Chapitres du païs, ainsi que d'auoir des canes publiques, où ils vendent

G

leurs bieres sans payer aucun Impost.

Au Chapitre de l'Isle ils ont enuiron soixante Chapelles qu'ils donnent aux Clercs, qui portent le surplis dans leur Eglise dés leur ieunesse, entre lesquels on choisit ceux qui ont bonne voix, & on leur fait apprendre la Musique; d'où vient qu'il y en a toûjours de fort bonne en cette Eglise; parce qu'ils n'osent la quitter, crainte de perdre leurs Chapelles, & le droit de paruenir à deux Chanoinies qui leur sont affectées.

L'vnion des seruiteurs de Dieu étant vne chose fort agreable à sa diuine Majesté, Gaultier Archeuesque de Roüen, qui viuoit en l'an mil deux cens, procura celle de

Cathedrales & Collegiales. 75

son Chapitre auec l'Euesque de Cambray & ses Chanoines, qui promirent reciproquemēt de se donner place dans leurs Eglises selon leurs dignités, & le temps de leur reception, & aux Chanoines la distribution ordinaire, quand ils assisteroiēt à l'Office diuin : ainsi que de faire vn seruice pour chaque Euesque & Chanoine aprés son decés; ce qui se pratique encore aujourd'huy.

Le Chapitre de Cambray outre ces seruices particuliers en fait tous les ans vn General, la veille de saint Pierre, pour les Archeuesques & les Chanoines de l'Eglise Cathedrale de Roüen qui sont decedés.

DE L'EGLISE CA-
thedrale d'Anvers.

L'Eglise de Nôtre Dame d'Anvers est d'vne hauteur si extraordinaire, qu'on ne la sçauroit regarder sans admiration. La Tour est percée à jour, & remplie de trente trois bonnes Cloches, qui rendent vn son tres-harmonieux. La plus grosse s'appelle Charles-Quint, qu'on ne sonne point, que pour des choses extraordinaires. L'Autel principal est d'vne tres rare symmetrie, & orné d'vn fort beau Tableau, le Chœur pavé de marbre, & les Chaires embellies d'excellente Sculpture, avec 2. jeux d'Orgues aux deux coins du Iubé. Il y a des Chapelles non seulement aux deux Aîles de cette Eglise, mais encore entre les piliers de la Nef, & l'on en conte en tout, jusques à soixante & six. On void à l'entrée de plusieurs, deux Colomnes de marbre, & vn Chapiteau au dessus fort bien travaillé, avec des Baluſtres de cuivre fin ou de marbre. Il y a contre les douze Piliers de la mesme Nef, autant de belles & grandes Statues de marbre blanc, qui representent les douze Apoſtres. Cette Eglise est toûjours fort nette, ainsi que les autres, & plusieurs feneſtres ſont ouvertes, qui y donnent de l'air; on n'y ſouffre point d'actions d'irreligion, veu que ce ſont des crimes, que les Empereurs ont jugé dignes de mort, & l'on n'y peut prendre vn criminel qui s'y eſt refugié, ny pas meſme au Portail, ſi elle eſt fermée: ce qui ſe pratique auſſi dans les autres Egliſes des Pays-bas. On void trois grandes portes en celle-cy, l'vne au frontiſpice, & les deux autres aux deux coings de la croiſeé: elles ſont ornées au dedans de Colomnes de marbre, & de Statuës de même matiere, qui repreſentent des ſujets de pieté. Gaſpar Nemius, Malderus, & Capello Eveſques du lieu, les ont fait faire, cõme il eſt porté dans les Inſcriptions que l'on y void.

Ceux qui servent la Messe, demandent devant & apres la Benediction au Prestre le genoüil en terre, ce qui se pratique aussi dans les autres Eveschés. A l'Offertoire le Prestre met l'eau dans le Calice avec vne petite cuillier d'argent. Les Predicateurs tant Seculiers que Reguliers préchent l'Etole sur le Col, afin de mieux marquer leur mission. Dans la plûpart des Eglises ils travaillent à les bien orner 2. ou 3. mois avant la feste du Patron, & ils empruntent de tous costés ce qui leur est necessaire. Les Autels sont couverts de Croix, de Vases, de Statuës, & de quantité de Chandeliers, le tout d'argent, & les murailles &

piliers tendus de toutes sortes de belles tapisseries. L'on sonne les Cloches melodieusemét iour & nuit, autant de temps que dure la feste, & on y appelle les Musiciens pour chanter le service divin.

Mais aprés avoir parlé du dedans de cette Cathedrale, ie ne peux obmettre l'inscription du Portail, qui contient ces mots. *Quintino Metio incomparabilis artis Pictori, vrbs Senatusque Antuerpiensis posuit,* & au dessous,

Connubialis amor de Mulcibre fecit Apellem.

Ie m'informay du sujet de cette inscription, & i'appris qu'vn Maréchal demandoit en mariage la fille d'vn Peintre, qui le pria de penser ailleurs, dautant qu'elle étoit recherchée d'vn autre Peintre, dont la profession luy étoit bien plus agreable que la sienne, mais comme l'eau iettée dans vn feu ne fait que l'allumer d'avantage, ce refus ne servit qu'à augmenter sa passion. Il l'alla demander à son Pere, qui luy promit qu'il l'épouseroit, s'il devenoit bon Peintre, ce qui l'anima tellement, qu'il quitta aussi-tôt le marteau pour prendre le pinceau, & fit connoître que rien n'est impossible à l'amour, quand il s'empare d'vn cœur, car il devint en peu de temps vn si habile Peintre, qu'vn sien tableau de la descente de nôtre Seigneur de la Croix, qui est dans vne des Chapelles de cette belle Eglise, avec sa marque, vn Marteau & des Tenailles donne de l'admiration à tous ceux qui le voyent, ainsi que plusieurs autres de sa façon, qui sont dans les cabinets des curieux des Pays-bas.

Les Eglises Cathedrales de Cambray, de Tournay, de Gand & Ypres, m'ont paru aussi fort belles, ainsi que la Cathedrale de Malines, & autres.

Les Sacristies de ces Eglises sont tres-riches en argenterie, & en Ornemens : dans la Cathedrale de Cambray, il y a quarante trois Chapes tissuës d'or, que l'on porte aux Processions solennelles.

DES SEMI-
naires.

Ln'y a point de Profession, où il ne soit necessaire d'auoir vn Maistre pour l'apprendre, & les Ecclesiastiques en ont d'autant plus de besoin, qu'il s'en trouue assés souuent, qui par vn abus tres-pernicieux prennent le party de l'Eglise, pour y trouuer les biens & les honneurs qu'ils ne pouuoient esperer dans vn autre employ, & non pas pour y procurer le salut des ames &

la gloire de Dieu. C'est ce qui a obligé les Prelats à établir dans leurs Dioceses des Seminaires, où plusieurs Ecclesiastiques profitent des charitables avis qu'on leur y donne, reconnoissent leurs fautes, purifient leurs intentions, & rendent ensuite de bons seruices à l'Eglise. La maison des Euesques seruoit anciennement de Seminaire, & ils se donnoient la peine d'instruire les Clercs non seulement en la vie spirituelle, mais encore aux bonnes lettres. *Theodoret. l. 1. c. 26. Iul. pom. præf. in vit. Hidelph.*

Il y a des Seminaires à Gand, à Anuers, à l'Isle & autres villes, où l'on reçoit les ieunes gens, dont les esprits semblent plus propres à estre formés

més dans la pieté ; on leur dône de vertueux Superieurs, qui veillent non seulement sur leurs études, mais encore sur leurs mœurs, & qui travaillent particulierement à les rendre gens de bien.

H

DES INSTRV-
ctions Chrétiennes

CHACVN est tenu de sçavoir les Ordonnances de son Prince, & les Loix punissent ceux qui les transgressent; mais on est encore bien plus obligé de sçavoir les volontés du Roy des Roys, afin de satisfaire à ce qu'il demande de nous; de là vient qu'on enseigne dans les Païsbas le Catechisme à la jeunesse, dont l'esprit est comme vne table rase qui reçoit la forme qu'on luy veut donner. *Arist. l. 3. de anima c. 4.*

Les Peres Iesuites s'addonnent particulierement à cet employ dans les villes où ils sont établis ; à Valenciennes ils vont aux Dimanches faire le Cathechisme en vn lieu appellé l'Hostellerie, dont j'ay parlé au Chapitre des Idoles. Il s'y trouve aussi deux Officiers de la Confrerie de saint Gregoire, établie pour avancer ce loüable exercice, & pour animer les enfans à bien profiter de cette instruction, on donne des chemises & autres prix à ceux qui s'en rendent dignes selon leur condition ; à la fin 2. Eschevins font l'aumône à ceux qui en ont besoin ; à saint Omer on donne à la fille qui recite mieux le Catechisme vne somme d'argent pour aider à la marier. On tient de plus à Valenciennes des Escoles appellées Dominicales, où 6. Maîtres & 12. Maîtresses montrent à lire & à écrire les Dimanches aprés midy aux pauvres & aux enfans des gens de métier, qui travaillent avec leurs peres durant la semaine, & qui n'ont pas le temps d'aller à l'école, ce qui se pratique aussi à l'Isle & autres villes.

Il y a encore des Compagnies de devotes, qui vivent en Communauté, & qui môntrent gratuitement aux filles à prier Dieu, à lire, & à écrire, & autres choses convenables à leur sexe; celles de Cambray portent le nom de sainte Agnes, & ont vn fort beau bâtiment. Ces instructions reüssissent si bien, que l'on en voit les effets dans toutes les actions des jeunes gens, & c'est là sans doute qu'ils apprennent à demander tous les jours, les genoux en terre, la benediction à leurs peres & à leurs meres, quelque âge qu'ils puissent avoir, & quelque compagnie qui se rencontre en leurs maisons, & ils tiennent à grand honneur de leur rendre cette deference. Ils demandent aussi la benediction des Religieux, quand ils en rencontrent dans les villes, & mesme à la Campagne.

Les jeunes garçons & les jeunes filles d'Anvers qui vont apprendre le Catechisme en la maison Professe des Peres Iesuites, ont vne devotion particuliere à saint François Xavier, pour l'avoir enseigné tous les jours de sa vie avec vn grand zele dans le Portugal, dans les Indes & autres Païs. Vers le mois de Iuin ils portent sa Statue, en vn jour de Feste, par les plus belles ruës au son des tambours & des trompettes, & sont vêtus d'habits de Portugais, Indiens, & autres nations, où ce grand Apôtre a presché le saint Evangile.

DE LA PROCES-
sion du jour du Saint Sacrement.

SI l'on portoit autrefois les Images des Empereurs par les lieux de leurs dependances, afin de faire souvenir le peuple de porter honneur a leurs Majestés ; il est bien plus juste de porter par les ruës le Roy des Roys avec vn profond respect, pour reparer en quelque façon les affronts & les sanglantes iniures qu'il reçût en sa Passion, &

qu'il reçoit journellement des pecheurs: C'est pourquoy l'Eglise conduite par le saint Esprit, ordonne à ses enfans de solemnizer tous les ans la feste du saint Sacrement, où l'on porte en procession le Corps du Fils de Dieu. J'ay remarqué en celle de Gand, ville Capitale de Flandres, que le dehors des maisons étoit paré de branches d'arbres verdoyantes, ce qui est fort agreable & aisé à faire en ce Païs, où il y a de belles Forests. Les Confreries des Eglises portoient des torches en leurs mains. Le Clergé Seculier & Regulier marchoit ayant des cierges, & quantité de personnes de condition portoient des flambeaux, dont la maison de ville leur fait pre-

du S. Sacrement.

fent. Le Prefidial s'y trouva felon la coûtume, avec fes Advocats & Procureurs tous en robes longues, & tenant des cierges : Le grand Baillif & les Efchevins alloient enfemble ; & avoient à leurs coftés les Sergeants des Compagnies de la ville, les Archers, les Gardes ordinaires du Baillif, & du Soûbaillif.

L'Evefque revêtu de fes habits Pontificaux portoit le S. Sacrement fous vn poëfle foûtenu par les plus confiderables perfonnes de la ville, vne partie des Bourgeois bordoit les ruës avec des Cierges à la main ne pouvant affifter à la Proceffion qui ût eu trop d'étendue, s'ils avoient tous marché en rang. Lorfqu'elle paffa prés de leur belle Maifon de ville,

200. Mousquetaires firent leur décharge au son des tambours & des trompettes. A Ypres, huit Bourgeois qui ont soin de fermer les portes de la ville, portér en cette Procession huit grands baudriers d'Orfevrerie, où pendent les clefs des mesmes portes.

Ils exposent souvent le saint Sacrement dans les Eglises conformément à la pratique de Rome, où il est jour & nuit sur quelque Autel, avec beaucoup de decoration & de lumieres.

Chez les Religieuses de Grœningue à Courtray, chez les Peres Iacobins de Gand, & dans l'Eglise Paroissialle de Bourbourg, il y a des Pyramides à la main gauche contre les murailles prés du grand Autel, où ils mettent le S. Sacrement.

A Maſtrich ils chantent au Ieudy la Meſſe du S. Sacrement dans la Cathedrale, & vn peu avant la Conſecration quantité d'Eſcholiers prennẽt en main des flambeaux allumés, qu'ils tiennent juſques à la Poſtcommunion. Aprés midy on porte auſſi en Proceſſion le S. Sacrement au tour de l'Egliſe, pendant laquelle les Muſiciens chantent & on touche l'Orgue, dont ils en ont deux ainſi qu'en pluſieurs autres Cathedralles.

DE LA CONFRE-
rie de la sainte Agonie.

IL y a environ vingt ans que le Reverend Pere Caraffa General de la Compagnie de Iesus & fils du Prince de mesme nom, établit à Rome vne Confrerie, en l'Eglise de leur Maison Professe, en faveur des Agonizants, ce qu'ils ont imité dans les autres maisons de leur Ordre en Italie, en Allemagne, & en Flandres à leur maison de Tournay. Le
principal

principal dessein de cette pieuse Confrerie, est d'obtenir vne bonne & heureuse mort, tant pour les Associés, que pour les autres Chrétiés; & elle est d'autant plus vtile, qu'vn homme se trouvant en peché mortel à l'extremité de la vie, comme il arrive assez souvent, de bonnes ames luy peuvent obtenir de Dieu la grace de faire vn acte de Contrition, qui luy ouvre la porte du Ciel. Cette Confrerie a esté approuvée & enrichie d'Indulgences, par Innocent X. & par Alexandre VII.

Les Confreres celebrent tous les ans avec beaucoup de solennité quatre Festes, qui leur sont particulieres; la premiere le troisiéme d'Octobre, en l'honneur de la tres-sainte

Vierge, qui toute baignée de ses larmes assista à la mort de son tres-cher Fils: la seconde le jour de saint Iean l'Evangeliste, qui eut aussi le bonheur de l'accōpagner dans vn si triste spectacle: la troisiéme au quatriéme Dimanche de Carême, qui est appellé Lætare, afin que chacun connoisse que la vraye joye & la bonne mort viennent des merites de la Passion du Fils de Dieu: & la quatriéme le jour de sainte Marie Magdeleine, qui s'est pareillement trouvée au pied de la Croix à l'Agonie Iesus-Christ.

Ils s'assemblent tous vne fois l'an pour visiter les stations de la Passion de nôtre Seigneur, qui sont representées sur les remparts de Tournay. Le premier Dimanche de chaque mois, l'on expose le Crucifix en l'Eglise où la Confrerie est établie : aprés le Sermon on le porte en Procession, puis on vient à l'Autel de la sainte Agonie, où l'on fait des prieres pour ceux qui agonizent, ce qui est suivy de la benediction du tres-saint Sacrement ; & le lendemain on dit la Messe à la mesme intention.

Les Associés lisent ou meditent tous les jours vn point de la Passion de nôtre Seigneur, & prient leurs Anges Gardiens de vouloir assister les Agonizans, particulierement ceux de leur association, & les habitans du lieu, où ils font leur sejour. Ils s'exercent aux œuvres de misericorde, tant corporelles que spirituelles, & ils portent vne medaille, qu'ils font enterrer avec eux, où il y a cette inscription: *In manus tuas commendo Spiritum meum*.

Tous les soirs on sonne vne cloche chez les Peres Iesuites de Tournay vn quart avant neuf heures, durant lequel les Confreres disent trois fois : *In manus tuas commendo Spiritum meum, & omnium Agonizantium*, avec vn *De profundis*, vn *Pater* & vn *Ave* pour les defunts qui étoient de la Confrerie, ce que font aussi les autres Confreres, quoy qu'ils n'entendent point la cloche, pour estre en des lieux trop éloignés.

Comme il n'y a point d'heure en la journée, où il ne meure

plusieurs fidelles, ils choisissent chacun la sienne, où ils disent vne fois l'an le petit Chapelet de cinq dixaines en faveur des Agonizants. Leurs Statuts n'obligent personne, sous peine de peché, & si l'on donne quelque chose pour la Confrerie durant la vie ou par testament, on le met entre les mains des deputés, qui l'employent à faire prier Dieu pour leurs ames, & en d'autres choses qui regardent le bien de cette Confrerie: tous les ans le Receveur rend compte du revenu aux principaux Officiers de la Congregation des Peres Iesuites de Tournay.

Dans l'Eglise Cathedrale d'Anvers, il y a vne Confrerie de la Circoncision, ils y ont le prepuce de nôtre Seigneur Iesus-Christ, qui leur fut envoyé de Ierusalem l'an M. C. I. par le fameux Godefroy de Boüillon Roy de Ierusalem. Ils ont en l'Eglise Cathedrale de saint Omer la Confrerie de saint Iob approuvée en l'an 1521. dont ils celebrent la Feste le dixiéme de May.

DES ASSISTAN-
ces qu'ils rendent aux Defunts par leurs suffrages.

LES defunts qui sont detenus dans le Purgatoire, pour n'avoir entierement satisfait à la Iustice Divine, sont toûjours parties de l'Eglise, & sont avec nous les membres d'vn mesme Corps, ce qui nous oblige d'avoir compassion de leurs souffrances & de leur apporter tout le soulage-

Des assistances qu'ils rendent ment que nous pouvons. L'on prêche durant l'Octave des morts à Valenciennes en la Paroisse de saint Iean, ainsi qu'à Bruxelles chez les Peres Iesuites, qui employent depuis l'an 1660. les 3. derniers jours de cette Octave à prier Dieu pour les Soldats morts au service du Roy d'Espagne. Le grand Autel est paré de velous noir, & éclairé d'vn grand nombre de cierges, ainsi que ceux des Chapelles : l'on void en divers endroits quantité de representations de morts faites de cire avec des tableaux, qui expriment vivement les peines qu'endurent les ames dans le Purgatoire, ce qui excite vn chacun à les secourir.

Ces Péres font dans leurs mai-

aux defunts par leurs suffrages 105.
sons des Païs-bas, des prieres pour les fidelles trepassés, l'vn des Dimanches de chaque mois où l'on ne fait point la Procession du Rosaire, où qui n'est pas empesché par quelque autre devotiõ. Dés la veille on sonne à huit heures du soir vne des cloches des Eglises de leurs maisons pour inciter les fidelles à prier Dieu pour les ames de Purgatoire: l'Autel est paré d'ornemens noirs avec de grand passement blanc, & on communie à leur intention, ce qu'ils appellent la Communion generale : neuf à dix mille personnes reçoivent ce pain celeste dans les villes de Bruxelles, de l'Isle, d'Anvers, & autres à proportion des habitans. Pour animer davantage leur ferveur,

106 Des assistances qu'ils rendent
on y fait Sermon, l'on chante Musique avec voix & instrumens, & vn Pere Iesuite donne sur le soir la benediction avec le saint Sacrement, qui a esté exposé durant la journée.

Il y a vne Confrerie à saint Omer, qui fait afficher de tẽps en temps aux lieux publics des papiers imprimés, où elle exhorte de luy donner avis de ceux qui sont decedés, & qui n'ont pas eu le moyen de laisser de l'argent pour faire dire des Messes, afin que leur charité y supplée. Les heritiers ou les amis de ceux qui meurent, font mettre aux portes des Eglises, des billets aussi imprimés, où ils les recõmandent aux prieres des Chrétiens, ce que pratiquent mesme les Religieux, qui les envoyent aux

aux defunts par leurs suffrages 107
villes voisines.

A Doüay, Ypres & autres villes, vn homme marche par les rues durant la nuit, avec vne cloche à la main, qu'il sonne de temps en temps, & crie Eveillez vous qui dormés, & priés Dieu pour les fidelles trepassés. C'est vne sainte coûtume, qu'institua saint François Xavier dans les Indes. Il y a de plus à l'Isle des personnes de pieté, qui ont de belles planches, où sont representées des ames dans les feux du Purgatoire, ils envoyent gratuitement les Images qu'on en tire, non seulement dans les Païs-bas, mais encore dans les autres nations, afin qu'on se souvienne de prier Dieu pour les fidelles Defunts. Aprés la mort d'vn Gentil-homme, de

Des assistances qu'ils rendent sa femme, ou de ses enfans on met leurs Armes sur la porte de la maison dans des morceaux de velous qui ont environ cinq pieds de hauteur, & quatre de largeur, avec cette difference neanmoins, que le champ des Armes des enfans est blanc sans aucun blazon; on les y laisse vn an & six semaines, afin d'exciter vn chacun à prier Dieu pour leurs ames.

Les Peres Iesuites qui avoient esté Confesseurs dans l'armée de sa M. C. n'abandonnerét pas les Soldats aprés leur mort, mais continuerent à leur faire paroître leur Charité; car au commencement de l'an 1660. ils firent pendant trois jours des Services Solemnels dans leur Eglise
de

aux defunts par leurs suffrages 109
de Bruxelles pour tous ceux qui avoient esté tués, tant sur mer que sur terre, ce qui se passa avec tant de magnificence, que toute la ville fut ravie de voir vne decoration si extraordinaire. Les murs de l'Eglise étoient couverts de tous costés de drap noir, on voyoit les Aigles de l'Empire au haut des piliers, les Lions de Castille, les Croix de Bourgogne, les Armes des Roys, & des Ducs, depeintes sur des estendars dorés, qu'on garde dans les Archives de Brabant, au milieu de l'Eglise, étoit vn superbe Mausolée fort bien éclairé, & encore plus relevé par les Armes & Escussons de Charles Quint Empereur, de Iean d'Austriche premier Duc de Parme, & du Marquis de

K

Spinola. L'art & la peinture contribuoient auſſi à l'embelliſſement de l'Autel d'vne maniere tres-particuliere: en bas étoit repreſenté le Purgatoire, & en haut le Fort de la douleur, avec l'avertiſſement ſalutaire de Tobie, *Super Sepulturam juſti panem tuum & vinum conſtitue.* D'vn coſté on voyoit vn combat naval, de l'autre vn de terre, & le Machabée au milieu, qui ayant aſſemblé douze talents d'or aprés le combat, envoyoit vne victime en Ieruſalem, pour étre ſacrifiée en faveur de ceux qui avoient eſté tués. La ſolennité de cette action y attira Charles II. Roy d'Angleterre, & le Duc d'Yorch ſon frere qui étoient pour lors refugiés en la ville de Bruxelles, qui a

aux defunts par leurs suffrages 111
servi d'asyle à quantité de testes couronnées. La Messe fut celebrée tous les trois jours solénnellement avec Musique par des Prelats, & trois des Confesseurs de l'Armée prêcherēt chacun vn jour avant la Consecration, le premier en Espagnol, le second en François, & le troisième en Flamand. On porta sur le soir le Saint Sacrement en Procession; ou les mesmes Confesseurs étoient en Surplis, & le Marquis de Caracene Gouverneur des Pays bas, suivy des principaux Officiers de l'Armée, & de tous les Capitaines avec des flambeaux à la main; on erigea aussi vne machine funebre pleine de Statuës en l'honneur de la Noblesse. Cette

devotion édifia tellement les Prelats qui s'y trouverent, & les Officiers de l'Armée, qu'ils donnerent à perpetuité les rentes necessaires pour fournir à la dépense, ce qui donne le moyen de faire faire bonne Musique, & de belles decorations tous les ans dans l'Eglise, en quoy ces peuples reüssissent fort bien. L'année suivante il se fit encore plus de pompe que la premiere; car l'Eglise étoit non seulement tenduë de noir avec des bandes de velous, mais deplus l'ornemēt du grād Autel ravissoit tout le monde: depuis le bas jusqu'au haut s'élevoit vne belle machine à cinq perspectives. D'vn costé le Soldat combattoit genereusement sous la conduite de S.

aux Defunts par leurs suffrages 113
Iacques, & de l'autre pour avoir gardé la fidelité dans les armes, il remportoit cette loüange, *Bonum certamen certavi, cursum consummavi, fidem servavi, de reliquo, &c.* On voyoit en bas le carnage de ceux qu'on massacroit, & en haut dans vn Ciel fort bien represété la Couronne de Iustice, dont ces vaillans Soldats étoient recompensés. Au milieu le juste Iuge leur faisoit expier le reste de leurs crimes par diverses peines, & les mettoit en la compagnie des Anges par le merite des suffrages des viuans.

DES MEDITAtions du Caréme.

D'AVTANT que la Priere est vn feu divin que nous devons entretenir sur l'Autel de nôtre cœur, afin d'offrir au Seigneur vn Sacrifice continuel, & que la Méditation est la plus vtile de toutes les oraisons, parce qu'elle nous sert à mieux connoître & aimer Dieu; les Peres Iesuites de Bruxelles font faire sur le soir en Caréme, outre les Sermons de la Ville, des Meditations dans leur belle Eglise sur la Paſſion de nôtre Seigneur, vn jour en Eſpagnol, vn en François, & vn en Flamand, ce qu'ils continuent tous les jours pendant ce ſaint temps.

L'affluence d'Auditeurs y eſt ſi grande, que l'Egliſe eſt trop petite pour les contenir : les lieux voiſins pour y placer les caroſſes, dont l'on compte quelquefois juſques à cent cinquante : les Soldats meſmes s'y trouvent en tres-grand nombre. Les Muſiciens chantent d'abord l'Hymne *Veni Creator*, puis le Predicateur parle durant vne démie heure, & aprés qu'ils ont chanté derechef, & que les Auditeurs ont medité quelque peu de temps, il recommence à parler vne autre demie heure, les Muſiciens chantent enſuite, & à la fin vn Pere Ieſuite donne la benediction tenant dans vn Soleil le ſaint Sacrement qui a toûjours eſté expoſé ſur l'Autel avec vn grand nombre de lumieres. Les Auditeurs étant de retour en leurs maiſons, ils s'entretiennent des choſes que le Prédicateur a dites.

A Arras, Doüay, l'Iſle & autres villes, les meſmes Peres Ieſuites donnent auſſi dans leurs Egliſes des ſujets de Meditation ſur le ſoir pendant le Carémé.

DES STATIONS

TOVS les Chrétiens ayant esté rachetés par la Passion de nôtre Seigneur Iesus-Christ, ils sont obligés d'en conserver cherement le souvenir, & d'en faire l'objet de leur adoration ; mais de ce qui est vne obligation commune à tous, ces peuples en font vne devotion particuliere. Sur les ramparts de Tournay, l'Isle, Valenciennes, Doüay, & autres villes, il y a des Statuës de pierre, qui representent les Stations de la Passion de nôtre Sauveur, & qui sont éloignées à proportion des pas qu'ils a faits pour aller de l'vne à l'autre, selon le sentiment des plus graves Autheurs; afin de donner sujet au peuple de mediter les mysteres qui y sont representés. Cette Devotion est si fervente par toutes les villes, que les premiers Vendredys de chaque mois & mesme dans la plus grande rigueur de l'Hyver, les ramparts sont remplis d'vne foule de monde qui fait ces Stations la teste nue, avec des Croix à la main, chantant des Pseaumes: & quelques vns, nommément les Officiers & les Soldats des Garnisons, les font en se disciplinant sur les épaules, dont il sort quelque fois beaucoup de sang.

Sur les remparts de Valenciennes le iour de la Feste de sainte Croix en Septembre, quatre Peres Iesuites portent vn morceau du bois de celle de nôtre Seigneur, qui est richement enchassé; & sont suivis d'autres Religieux de la mésme Compagnie. L'Evesque porte le tres-saint Sacrement accompagné du Clergé Seculier & Regulier, de la Maison de ville & des personnes de condition tous avec des flambeaux de cire blanche à la main, vient ensuite vne grande affluence de peuple.

Les Echoliers du College des Peres Iesuites de cette ville, ainsi que des autres où ils enseignent, vont ensemble vne fois l'an faire des Stations revêtus d'habits d'Indiens, Chinois, Iaponnois & autres nations, pour montrer qu'on adore la Croix parmy ces peuples.

A Bruges on voit les Stations de la Passion de nôtre Seigneur dans des Chapelles, à l'entour du Cimetiere de l'Eglise de saint Sauveur, le dessus est couvert de pierre, & les Autels sont bâtis de marbre.

Vn Gentil-homme Italien, demeurant en la mesme ville, a fait bâtir vne Eglise, où le saint Sepulchre de Ierusalem est fort bien representé, & pour mieux reüssir en son dessein, il mena avec luy en Ierusalem des ouvriers qui en tirerent le plan.

A vne lieüe de Mastrich au village

village appellé Can, vn Prestre qui a esté en Ierusalem a fait bâtir vne Chapelle pareille à celle qui est en ce saint lieu, avec la representatiõ du Tombeau de nôtre Seigneur, il y a au devant quantité de Lampes allumées, & on y voit encore plusieurs autres representations de la Passion de nôtre Seigneur : des Prestres appellés Chevaliers du saint Sepulchre demeurent en ce lieu, & portent sur leur Soutane vne Croix rouge.

A l'Isle le jour de l'Exaltation de la sainte Croix, on fait vne Procession, où assistent ceux qui ont esté en Ierusalem.

Les Peres Capucins marchent à la teste, suivis d'vn grand nombre de filles vétuës à l'antique, qui portent en main les inftrumens de la Paffion de nôtre Sauveur. La Veronique marche enfuite qui tient vn Mouchoir, où eft imprimé le Vifage de nôtre Seigneur, les Pelerins vont tous la tefte nue, & tiennent à la main des Rameaux de Palmes. Des enfans marchent parmy eux, qui portent de riches Drappeaux, où font dépeints les principaux myfteres de nôtre Redemption. Cette Proceffion fait le tour des murailles de la ville, & vifite les Stations de la Paffion; pendant ce temps là les Preftres chantent des Pfeaumes.

DES DEVOTIONS
de la semaine Sainte.

Es Prieres des quarante heures étant achevées le Dimanche des Rameaux, on fait à Bruges vne Procession, ou se trouvent plus de trois cens hommes revêtus de sacs noirs avec de grandes & pesantes Croix sur leurs espaules, d'autres traisnent des chaisnes de fer, & 30. ou 40. portent sur leur peau nue des cuirasses aussi de fer, tenant des flambeaux ardans à la main, & marchent à costé du Sepulchre de nôtre Seigneur suiuis des Peres Capucins: les Musiciens vêtus de noir & sans surplis, chantent le Pseaume *Miserere* d'vn ton lugubre, l'on entend quantité de Trompettes presque bouchées pour rendre le son plus triste, & les Tambours sont couverts de dueil. Le Ieudy saint on recite à Bruges en la Sale des Cõpagnies du Serment, vn Poëme en l'honneur de la Passion de nôtre Seigneur, & à la fin on donne vn verre d'hypocras aux assistans. Dans les Abbayes on presente du vin à ceux qui vont voir laver les pieds des Religieux : en celle de Vauchelles & autres de l'Ordre de saint Bernard, *de la semaine sainte.*

l'Abbé lavé les pieds le mesme jour à deux pauvres, & chaque Religieux à vn, puis ils leur baisent le pied & la main, & leur donnent ensuite bien à disner avec de l'argent.

Aprés que le Superieur du Convent des Peres Iacobins de Bruxelles a donné la Communion le Ieudy saint à tous ses Religieux, il porte en Procession le saint Sacrement sur l'Autel de la Chapelle Royale, où il est éclairé d'vne prodigieuse quantité de Cierges: Il y demeure toute la nuit, pendant laquelle il se trouve vne grande affluence de monde, & plusieurs Religieux psalmodient, mesmes des Soldats Espagnols y font la garde durant vingt-quatre heures la halebarde à la main, sans boire ny manger. Le Superieur de la Maison met au col d'vn des plus grands Seigneurs du Pays la clef du Tabernacle, qu'il porte par devotion jusques au lendemain qu'il la luy rend au mesme lieu, puis il reporte la sainte Hostie en Procession. On met ensuite le Crucifix sur vn grand Theatre au milieu du Chœur qui est tendu de dueil, ainsi que toute l'Eglise. Le Vendredy saint le Sermon de la Passion étant fait, vn Religieux vêtu de blanc tient vn drap ensanglanté, oste les cloux du Crucifix, & les presente à vne Statuë de la sainte Vierge, qui est sur le theatre en habit de dueil, puis il le montre aux Assistans, & le met ensuite dans vn Tombeau fort-precieux, qu'on porte en Procession par les plus belles ruës de la ville. Le Clergé & tous les Ordres Religieux s'y trouvent chacun vn Cierge à la main, qui leur est presenté par les Officiers de la Confrerie du Rosaire, les Religieux de saint Dominique portent le Sepulchre de nôtre Seigneur & l'Image de la sainte Vierge; les Recollects la Croix, les Capucins la Couronne & les Cloux; & chacun des autres Ordres quelque instrument de la Passion. On porte aussi plusieurs figures lugubres, l'on entend des Tambours couverts de drap noir, & des Trompettes presque bouchées de paille, dont le son respond à la tristesse de la Ceremonie.

Viennent en suite deux cens hommes en habit de deüil, avec vn voile sur le visage, & des flambeaux à la main; Aprés la Messe on tire du monument vn beau Crucifix, que les Religieux & les Assistans adorent.

Le jour de Pasques, la Noblesse & le Peuple s'assemblent à cinq heures de matin dans l'Eglise des Peres Iacobins de Bruxelles, la Statuë de la sainte Vierge est revêtue d'habits, qui sont enrichis des plus precieuses pierreries, qu'on a peu trouver, & couverte d'vn voile noir; on la porte en Procession, & vn Gentil-homme fait à la sortie de l'Eglise trois inclinations au saint Sacrement que l'on porte, & oste le voile de nôtre

Dame. L'on entend auſſi-tôt ſonner quantité de Tambours & de Trompettes, aprés la Proceſſion on dit la Meſſe, & l'on préche en François du Myſtere de la Reſurrection.

Durant le cours de l'année ils repreſentent pluſieurs autres Myſteres; Le Mercredy des quatre temps de Noël ſur les ſix heures du matin, on ſe trouve en foule dans les Egliſes, où l'on voit deſcendre de la voute vn enfant vêtu en Ange, qui dit à vne jeune fille les paroles que l'Archange Gabriel prononça à la ſainte Vierge le jour de l'Annonciation, & la fille dit la meſme choſe que luy répondit nôtre Dame; puis on le remonte juſques au lieu d'où il eſt deſcendu.

Au jour de l'Ascension on voit dans la nef du Chapitre de Doüay vne Statuë que l'on leve, lors que l'on dit ces paroles *Ascendit*, &c. On la fait passer par dessous vn dais qui est au haut de la voute, lequel s'ouvre en deux.

Au jour de la Pentecoste ils font voler vn Pigeon par l'Eglise, pour mieux representer la descente du S. Esprit sur les Apostres, & exciter les assistans à luy demander ses graces.

DES HOSPITAVX
& autres lieux de Pieté.

E public ne conserveroit pas ny des artisans pour l'entretien des Royaumes, ny des Soldats pour leur deffence, si le zele des gens de bien n'avoit pourveu à la necessité des pauvres malades, en fondant des Hospitaux, car n'ayant pas le moyen de fournir aux frais necessaires pour le rétablissement de leur santé, ils meneroient vne vie

languissante & inutile. C'est pourquoy les Prelats faisoient bâtir anciennement des Hospitaux à leurs dépens, où l'on fournissoit aux malades tous leurs besoins. *Epiphan. l. 3. Hæres.*

Il y en a de tres riches dans les Pays bas, particulierement à Cambray, Anvers, Bruxelles, Louuain, Malines, & Valenciennes. Ce dernier est vn des plus considerables pour son grand nombre de lits bien étoffés, & pour leur propreté, étant couverts de tres belles contre-pointes aux jours que les malades communient. Cet Hospital est servy par des Religieuses de saint Augustin, ainsi que plusieurs autres, & avec vn si grand soin, qu'il n'y manque rien pour le spirituel ny

& autres lieux de pieté.

ny pour le temporel; il y a mesme des chambres particulieres pour retirer les personnes de condition, & ces bonnes Religieuses vont aux maisons de la ville servir les malades qui les y appellent.

Il y a encore deux sortes de Filles, dont les vnes sont appellées Sœurs Grises, parce qu'elles portent l'habit gris, & vivent en Communauté, ayant pour Regle celle du tiers Ordre de saint François; & les autres sont nommées Sœurs noires, pour estre vêtues de noir, & toutes ces Sœurs tant Grises que Noires vont assister les malades dans leurs maisons. Ces dernieres gardent la Regle de saint Augustin, & assistent les pestiferés.

Plusieurs personnes pieuses ne se contentant pas qu'il y eust à Anvers de grands Hospitaux, y ont fondé des maisons pour sept ou huit pauvres, & donné des rentes annuelles pour distribuer aux pauvres honteux & autres.

Les Pelerins trouvent aussi du soulagement en ces Païs, dans l'Hospital de saint Servais à Mastrich, l'on y en reçoit durant l'année 6. ou 7. mille, & dans celuy de saint Iulien à l'Ille, ils sont nourris trois jours; de plus il s'en voit vn en cette mesme ville pour les Bastards, les Orphelins & les Vieillards ; & vn autre pour les pauvres femmes en couche.

A Malines il y en a vn fort beau pour les Soldats malades,

qui sont tres bien soignés en consideration des services qu'ils ont rendus au public. Ce mesme motif obligea le Comte de Fontaines à couronner les belles actions qu'il avoit faites au service du Roy d'Espagne, dont il étoit General d'Armée, par la fondation d'vn Hospital à Bruges pour douze Soldats estropiés, & à leur defaut pour douze pauvres ; Il en a laissé le soin aux Eschevins, & aux Mariniers de la ville, à la Confrerie desquels il à donné vne rente considerable, pour les obliger d'avoir soin de sa fondation, qui est gravée sur du marbre en lettres d'or, dans l'Eglise des Peres Recollects de Bruges.

A Anvers & autres villes

ils ont des Maisons publiques, où l'on fait apprendre par charité des mestiers aux pauvres garçons & aux pauvres filles, qu'on nourrit jusques à ce qu'ils puissent gaigner leur vie, de sorte que l'on en fait de bons ouvriers au lieu de gueux & de miserables qu'ils auroient esté, & on sauve les filles de la prostitution, où la necessité les engage assés souvent.

En la Maison de ville de Gand, il y a plus de trente mille livres de rente, destinées pour les pauvres, à qui elle les fait distribuer durant le cours de l'année. Il est permis à quatre cens de demander l'aumône dans la ville, dont ils portent les Armes sur leurs pourpoints, pour

& autres lieux de pieté.

estre reconneus : & il est defendu de la donner à d'autres, sous peine de dix livres d'amende. Lors qu'ils vont en vne maison, ils chantent ainsi qu'aux autres villes de Flandre, les Litanies de nôtre Dame, où quelque hymne en son honneur, ce qui fut institué par M. Bondot Docteur de Sorbone & Evesque d'Arras, pour exciter la devotion de ceux qui les entendent.

A Doüay, l'Isle, Tournay & autres villes, il y a des Fondations pour l'entretien de huit ou dix pauvres Prestres du Diocese, que l'on retire dans les lieux destinés à cet vsage, quand ils sont incapables de servir l'Eglise, soit pour leur extrême vieillesse, où pour leur infirmité, afin d'empefcher que ces Miniftres de Iefus-Chrift, ne facent quelque action, qui ne s'accorde pas avec la dignité de leur Caractere.

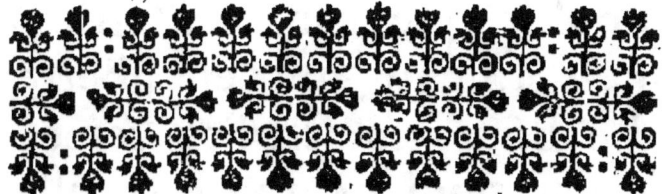

DE LA DELI-
vrance des Prisonniers à Ypres.

BIEN que l'impunité entretienne le crime, il est neanmoins à propos de donner quelque-fois lieu à la clemence. Ce fut dans cette pensée que Ieanne Comtesse de Flandre, passant prés de la prison d'Ypres vn jour de Vendredy saint, & entendant crier grace grace en faveur de la Passion de nôtre Seigneur, elle voulut que tous les Criminels fuſſent mis en liberté. Le Bourg-meſtre l'en remercia au nom de toute la ville, & la ſupplia de trouver bon, qu'on renouvelât tous les ans à pareil jour la memoire d'vne action ſi pleine de bonté, & qu'on delivrât les criminels qui ſe trouveroient dans la meſme priſon, à quoy elle conſentit, & depuis ce temps, la meſme grace s'eſt toûjours faitte en cette maniere.

Le Bourg-meſtre & les Eſchevins revêtus de leurs robes de ceremonie, ſe tranſportent en la priſon le Vendredy ſaint, & donnent la liberté à tous ceux qu'ils y rencontrent, & qu'ils jugent dignes de grace, ayant examiné quelques jours auparavant leurs procés, & fait mourir en suite ceux qui étoient indignes de pardon.

A Gand, Bruges, Bruxelles & autres villes on delivre quelques criminels tous les ans.

DES ABBAYES.

LES Abbayes sont des marques de la pieté des Souverains, & des témoignages authentiques, que les lieux où elles sont bâties, appartiennent à Iesus-Christ. Il y en a cinq qui sont immediatement sujettes au Pape, celle de Lobbes qui est située sur la Riviere de la Sambre, à laquelle les Roys de France ont fait beaucoup de biens, lors qu'ils demeuroient à Liptines, qui étoit vn fort beau

Des Abbayes.

Château éloigné de trois petites lieües de cette Abbaye, où il s'est tenu autrefois vn Concile, que l'on voit dans le recueil des Conciles de France sous le nom de *Concilium Liptinense*. Celles de S. Vaast d'Arras, de saint Pierre de Gand, de saint Berthin à saint Omer, & d'Eynan, dont les Superieurs s'assemblent vne fois en trois ans, pour deliberer des principalles affaires de leurs maisons, & des moyens de maintenir leurs privileges.

Quand vn Abbé est mort, sa Majesté Catholique nomme trois Commissaires pour assister à l'Election d'vn autre, à sçavoir le Vicaire de l'Ordre, le President où le Chancelier de Brabant, si l'Abbaye est située dans ce Duché, & le grand Baillif du lieu, où l'vn des premiers Iuges de la Police. Ils conservent en cette Election les interests de sa Majesté, à qui les Religieux nomment trois de leurs Confreres, qu'ils estiment plus dignes de posseder l'Abbaye, & elle en choisit vn.

L'Abbé prend possession en suite assisté de ses Religieux, de ses Officiers, des Convents, & des Paroisses qui relevent de son Abbaye. Il prête le serment entre les mains du plus ancien Religieux, & promet de garder les Statuts, de conserver les biens de l'Abbaye, & d'en bien dispenser le revenu, dont il luy rend compte vne fois en trois ans & à deux autres Religieux
que

que nomme la Communauté. Ces Abbés emploient le leur à maintenir le service de Dieu, & à soulager les pauvres, & non pas à entretenir vn train qui ressente la vanité, ny au jeu, aux festins, ou aux divertissemens que les Canons mettent au nombre de ceux qui ne sont pas permis aux Ecclesiastiques.

Iean Sarrazin Abbé de S. Vaast d'Arras, a fait bâtir le Convent & l'Eglise des Peres Capucins d'Arras, à condition que ces Peres luy en porteront tous les ans la clef, où à ses successeurs, qu'ils prieront de leur en continuer l'vsage.

Iean l'Entailleur Abbé d'Anchin, & ses Religieux ont bâti & fondé le College de la Compagnie de Iesus à

Doüay.

Philippe Caverel Abbé de saint Vaaſt d'Arras a bâti & doté le College de la Compagnie de Ieſus en la meſme ville, & le Monaſtere des Benedictins Anglois à Doüay, avec vn ſecond College, où ils enſeignent la Philoſophie & la Theologie, il a encore fait bâtir le Convent des Auguſtins de la Baſſée.

Germain de Hamericourt Abbé de ſaint Berthin fit bâtir, & fonda le College des Peres Ieſuites de ſaint Omer, aux frais du Monaſtere.

L'Abbé de Dune, appellé Campmans, a fondé le Convent des Brigittines, à quatre lieuës d'Ypres, dans le bois de S. Sixte, appartenant à cette Abbaye : elles envoyent à

Des Abbayes.

cet Abbé offrir tous les ans vn cierge durant la Messe, le iour de S. Bernard.

L'Abbé de saint Omer a fondé en la ville de ce nom vn Seminaire pour soixante & dix pauvres Escholiers, qu'il y entretient non seulement pendant qu'ils étudient aux Lettres humaines, mais encore aux Vniversités, où il les envoye pour apprendre la Philosophie & la Theologie, afin de pouvoir bien servir l'Eglise.

Celuy de saint Pierre de Gand, est le premier Abbé de Flandre, dont les Comtes sont tenus avant que de prendre possession, de luy prester serment en ces mots.

Ego Philippus Dei gratia Princeps Hispaniæ, vtriusque Siciliæ, Hierusalem, &c. Rex, Ar-

chidux Austriæ, Dux Burgundiæ, Comes Habsburgi & Flandriæ, promitto & iuro quod in adventu meo, & successione hujus patriæ & Comitatus Flandriæ conservabo tanquam bonus, fidelis, & supremus Guardianus, sive Advocatus, & conservator immediatus benè, & fideliter contra & erga cunctos, omnia privilegia, libertates, francisias, vsus, consuetudines, bona, possessiones, personas, subditos, & familiares hujus Ecclesiæ sancti Petri in monte Blandinio à prædecessoribus meis fundatæ. Ita me Deus adjuvet, & omnes Sancti, quorum corpora hic quiescunt, omnes q; sancti Paradisi. Ce qui a esté pratiqué par Charlesquint l'an 1514. par Philippes II. l'an 1549. & par leurs successeurs. Cét Abbé leur met l'espée au costé, aprés qu'ils ont esté à l'Offrande de la Messe, qu'on dit avec toute sorte de solennité.

Il y a douze Monasteres bâtis sur des Paroisses, dont l'Abbé de S. Pierre de Gand est Patron, ils sont tenus de luy envoyer tous les ans vn cierge à la Messe le iour de S. Pierre, qui est la Feste de leur Eglise.

L'Abbé d'Afflighem a vne voix dans les Estats, entre les douze Abbés de Brabant, celuy de Gemblours porte le titre de Comte, tient la premiere place entre les Seigneurs de Brabant, dans les mesmes Estats, & a droit de faire battre monnoye. Ils ont presque tous haute & basse Iustice, & quelques vns entr'autres ceux de S. Omer & d'Arras, sont Seigneurs fonciers des Villes, qui leur font pour ce sujet tous les ans quelque redevance, comme d'vne Couronne de fleurs à l'Abbé de S. Omer, le iour de S. Pierre, qu'on met sur la teste de ce grand Apostre, & d'vn pigeon blanc à l'Abbé d'Arras.

Les Religieux de l'Abbaye de S. Omer, assistent aux bannies des fortifications de la Ville, & aux comptes que l'on fait de son revenu, & on leur dōne distributiō à chaque-fois.

Il y a encore en ces Païs, quantité de belles Abbayes, particulierement de l'Ordre de Premōtré, & entr'autres, Vicoigne, Tongrelo, le Parc & Floreffo, sans parler de leur Maison de Malines, où il y a quantité de Docteurs en Theoogie, qu'ils pourvoient aux

Des Abbayes. 151

Cures qui dependent de leurs Abbayes, ainsi que les Religieux de leurs autres Maisons, & l'on estime qu'ils gouvernent prés de trois cens cinquante mille ames dans les Benefices qu'ils possedent aux Païs-bas.

Il y a des caues dans ces Abbayes, où ils font vendre leurs bieres sans payer aucun Impost.

Les Religieuses de S. Benoist, possedent entr'autres Abbayes celles d'Aueines, de Thrun, & de Bourbourg, qui sont immediatement sujettes au saint Siege.

Il y a pareillement plusieurs grands & celebres Monasteres de Filles de l'Ordre de S. Bernard ; Les principaux sont, Clemarets, Marquette, Flines Herkenrode, le Val Nôtre-

Dame Hoock. Il faut prouver quatre quartiers de Noblesse, tant du costé paternel que maternel, pour avoir place dans ces trois derniers, aussi-bien que dans les trois autres de l'Ordre de S. Benoist.

DES EGLISES
des Religieux.

N voit au portail de l'Eglise des Peres Iesuites de la Maison Professe d'Anvers, la Statuë de nôtre Dame faite de marbre, ainsi que celles de S. Ignace, S. François Xavier, & de quelques autres SS. & au devant vne belle place quarrée, qui donne beaucoup de lustre à ce superbe temple. Aux 2. côtés du mesme portail sont 2. fort grands domes de fonte,

qui est dorée par le dessus. L'Eglise est toute doublée de marbre, & enrichie de tant d'or, de sculpture, & de rares peintures de la main de Rubens, qu'en quelque lieu qu'on la regarde, la veuë trouve dequoy se satisfaire. Il y a le long de cette Eglise 2. galeries de chaque côté l'vne sur l'autre, elles sont fort larges, éclairées de quarante croisées revêtues de marbre, & soûtenuës par quarante six Colomnes d'albatre, avec des balustres de marbre blanc qui sont tres bien travaillés: deplus on void trois autres galeries à l'entrée de l'Eglise, en l'vne desquelles on chante la Musique & l'on y entend avec les voix, des Bassons, des Cornets, & autres semblables inſtrumens.

Le maître Autel eſt enrichy de jaſpe & de porphyre, ils en oſtent le tableau en diverſes Feſtes de l'année, & en mettent d'autres en la place. Il y a vne des Chapelles dediée à Dieu ſous le nom de nôtre Dame, dont le pavé, les murs & la voute ſont de marbre, le tout accompagné de 6. belles Statuës d'albatre, qui repreſentent nôtre Dame, ſaint Ioſeph, ſainte Anne, ſainte Catherine, ſainte Chriſtine & ſainte Suſanne. On voit à l'Autel vn tableau de l'Aſſomption de la bien-heureuſe Vierge, & au pié, les paroles ſuivantes.

MONVMEMTVM.

D. Godefridi Houtappel D. in sanct.
Et pijssimæ coniugis D. Cor-
[neliæ Boot,
Filiarumque Virginum.
Mariæ, Annæ, Christinæ & Lu-
[cretiæ,
Cognatæque Annæ à S. Grauens,
A quibus confundatum & orna-
[tum hoc
Deiparæ sacellum,
Fundatumque hac in vrbe Colle-
[gium
Societatis IESV.

Les Peres de la mesme Compagnie ont à Namur vne Eglise enrichie de marbre blanc & noir, qui ne cedera pas à celle d'Anvers, aprés que l'on aura despencé cinquante mille

mille écus à l'achever. Celles qu'ils ont à Bruxelles, à Bruges, à Ypres & à Luxembourg sont fort estimées, & accompagnées de Sacristies tres-riches en ornemens, & en argenterie. Il y a aussi vn grand nombre de Confessionnaux dans les mesmes Eglises, dont la plufpart ont cousté chacun mille frans, & on voit des Anges de hauteur d'homme aux coins de ceux qui sont dans leurs Eglises de Bruxelles & de leur Maison Professe d'Anvers, sans aucune couverture au dessus tant pour les Confesseurs que pour les Penitens.

Il y a encore d'autres belles Eglises dans les Abbayes de l'Ordre de Premontré, comme à Vicoigne & à Floreffo, & en celle de Vauchelles, qui est de l'Ordre de saint Bernard. Les Eglises des Peres Augustins d'Anvers & des Peres Carmes mitigés, sont tres-dignes d'estre veuës; chez ces derniers, il y a à Gand au dedans de l'Eglise sur la porte de belles Statuës, ainsi qu'en la celebre Abbaye de saint Berthin. Les Chaires des Predicateurs sont ornées aussi de Statuës & de bas-reliefs. La Porte du Convent des Peres Capucins de Courtray est bien plus éloignée de l'Eglise, que ne sont ordinairement celles de leurs autres maisons, on y voit le long du mur plusieurs objets de pieté.

La court des Peres Cordeliers d'Anvers est fort vaste, & entourée de quantité de beaux arbres, dont la verdure est fort agreable en esté. Il y a contre les murs des tableaux à huile, qui representent des sujets de devotion, avec des prie-Dieu au bas, & au dessus, des Perrons couverts d'ardoise, si bien que quand l'Eglise est pleine, ou fermée, l'on y peut faire ses prieres.

DE LA BEAVTÉ
des Convents.

APRES avoir parlé de la beauté des Eglises des Religieux, ie me sens obligé de dire quelque chose de celle de leurs Maisons. Ils en ont vn grand nombre, dont quantité furent établies, lors que l'Archiduc Albert possedoit les Pays-bas. Plusieurs de leurs Cloistres sont pavés de marbre blanc & noir, & fermés de vitres, où sont representées par d'habiles peintres des histoires de pieté, & contre les murs on void les portraits avec huyle de plusieurs Peres de leurs Ordres. J'ay remarqué ce que dessus nommément chez les Peres Recollects de Gand: les sales où ils font leur recreation, & les Refectoires de quantité de Maisons Religieuses sont remarquables tant pour leur grandeur, que pour leur decoration. En l'Abbaye de saint Berthin, ils ont deux Refectoires, l'vn pour les jours de viande, & l'autre pour les jours de poisson. Les Infirmeries sont fort vastes & bien aërées, & dans l'enclos de leurs Convents, il y a ordinairement des maisons, où ils transportent les Religieux atteints de quelque maladie contagieuse.

Leurs Jardins ne cedent pas en beauté à leurs Maisons, on voit dans ceux des Peres Iesuites de Doüay & de l'Ille, de larges & longues galeries couvertes, où ils se retirent durant le mauvais temps, & joüissent de l'agreable veüe des jardins. En celuy de l'Ille il y a vne Chapelle, ainsi qu'en plusieurs autres, dans lesquels les sept Stations de la Passion de nôtre Seigneur sont representées, comme aussi dans ceux de plusieurs Religieux & Religieuses. Mais le jardin du Noviciat des Peres Iesuites de Tournay, est estimé l'vn des plus beaux, tant pour sa grandeur extraordinaire, que pour ses berceaux & ses parterres remplis de toutes sortes de fleurs. On y voit sur vn haut piedeſtail, la Statuë de ſaint Paulin Patron des Iardiniers, avec vn puys & vne pompe, qui fourniſſent d'eau pour arroſer le Iardin. Il y a de plus trois larges & longues allées, qui ſont couvertes de charmes plantés des deux côtes, & au bout de celle du milieu vne Chapelle de nôtre Dame de Montſerrat, où ſaint Ignace preſente ſes Armes à la ſainte Vierge. De là on deſcend vers la riviere qui paſſe au travers du meſme jardin, puis on voit pluſieurs agreables lieux, où les Novices ſe divertiſſent; on y remarque prés d'vn Pont vne Chapelle de nôtre Dame de Lorette, & vers cet endroit là ſont pluſieurs degrés, qui ſervent à monter aux ramparts de l'ancienne ville de Tournay, d'où l'on voit au travers des arbres quantité d'objets de pieté, qui portent ceux qui s'y promenent, à élever leur cœur à Dieu.

DES BASTIMENS
de saint Amand.

O N voit en la premiere court de l'Abbaye de S. Amand de larges & profonds fossés remplis d'eau, qui entourent l'Abbaye, la porte est ornée d'architecture, avec vn tres-beau & fort grand Dome, & vn Pont Levis : A l'entrée de la seconde court, il y a à la main droite vne longue galerie couverte, dont le dehors est orné de bas-reliefs, qui representent Dagobert

Roy de France, Fondateur de cette Abbaye, & autres bien-faicteurs, avec vne Chapelle dans la court, & à l'opposite de la mesme galerie, vn grand corps de logis rempli depuis le bas jusques au faiste d'Images en relief, hautes comme nature, qui representent des sujets de pieté. Il y a aussi cent petites chambres au mesme lieu, pour les Religieux, & encore vne Chapelle dans vne autre court, où il y a deux Cloistres l'vn sur l'autre, & des Pavillons aux coins couverts d'ardoise fine, accōpagnés de chambres pour recevoir les hostes. Le Gouverneur du Pays trouve toûjours son appartement preparé dans cette Abbaye (ainsi qu'à S. Omer en celle du mesme Ordre, en l'Abbaye de faint Michel d'Anvers, Ordre de Premontré, & autres) fans parler des bâtimens des baffes-cours, qui font auffi couverts d'ardoife fine ; on y voit auffi de beaux jardins & de grands parcs fermés de murailles. Le Chœur de l'Eglife eft parfaitement beau, mais elle n'étoit point encore achevée, quand j'y fuis paffé. Cét Abbé & les autres qui ne demeurent pas dans des places fortes, ont à Valenciennes, à Arras, Doüay & autres villes de fort beaux Palais, où ils fe retirent en temps de guerre, où quand leurs affaires les y appellent.

DE L'ORDRE
de sainte Brigitte.

L'ORDRE de sainte Brigitte a esté institué par vne Princesse de Suede, appellée Brigitte, veufve d'Vlfe Prince de la Nericie. Elle partit de son Pays environ l'an 1344. & s'en alla avec sa fille Catherine à Rome, où Dieu l'inspira d'aller visiter les saints lieux de Ierusalem; estant ensuite retournée en cette fameuse ville, elle y demeura vingt

De l'Ordre de sainte Brigitte. 169
vingt trois ans, & y composa les livres de ses Revelations, enfin elle y mourut l'an 1373. sans avoir fait approuver sa Regle; mais sa fille Catherine obtint cette grace du saint Siege.

Les Prestres de cet Ordre sont vêtus de gris, & portent au côté gauche de leur manteau, vne Croix de drap rouge, en l'honneur de la Passion de nôtre Seigneur, avec vn morceau de drap blanc, en forme d'Hostie, afin de les obliger à se souvenir du bonheur qu'ils ont d'immoler le Fils de Dieu entre leurs mains. Ils obeïssent, ainsi que les Religieuses de cet Ordre à vne fille, qui fait sa residence en la Suede, & qui est la Generale de tout l'Ordre. Les Religieux peuvent neanmoins nommer leurs Superieurs, qu'elle est tenue de confirmer. Les filles sont aussi vêtues de gris, & portent vne bague à la main droite, que l'Evesque benit, quand il reçoit leurs vœux. Elles ne peuvent estre plus de soixante dans chaque Convent. Il y a des Maisons de cet Ordre dans les Païs-bas, particulierement à Arras, l'Ille, Doüay, Armentieres & Malines, qui est vn Bourg situé entre la Sambre & la Meuse.

A Nieuport, il y a des Chartreux Anglois, qui ayant du bien en Flandre s'y retirerent, lors qu'ils furent obligez d'abandonner l'Angleterre pour les persecutions que les Religieux y souffroient.

A Owate prés de saint Omer les Peres Iesuites Anglois y ont vn Noviciat, d'où sont sortis plusieurs Religieux, qui étant en suite allés en Angleterre, ont enduré la mort pour la foy Catholique.

Il y a aussi des Benedictines Angloises à Dunkerque, & des Religieuses de sainte Claire à Gravelines, de la mesme nation, les vnes & les autres excellent en la Musique, & à bien toucher la Viole.

Prés de Bethune, il y a des Filles Chartreuses, qui ont pour Directeur vn Pere du mesme Ordre.

DES RECLVSES.

SI les solitaires meritent que nous les admirions, en ce qu'ils se privent des plaisirs du monde, pour mieux posseder Dieu, & que par leurs bonnes œuvres & par leurs ferventes prieres, ils attirent de signalées graces sur les lieux où ils font leur demeure: Les Recluses de Flandre sont d'autant plus dignes de loüange, que ce sont des filles qui pratiquent les plus heroïques vertus dans la foiblesse de leur sexe. Elles font des vœux entre les mains de leurs Evesques, suivent les Statuts qu'ils leur donnent, & passent leur vie seules avec vne servante dans vne maison voisine d'vne Eglise, d'où elles entendent la Messe, & salüent le saint Sacrement par le moyen d'vne ouverture que l'on y a faite. Il y en a à Louvain, à Gand, à Namur, prés de Bruxelles, & en d'autres lieux. Leurs habits sont gris & fort simples, & elles ne parlent à personne que tres rarement, & le voile baissé. L'Eglise celebre au mois de Septembre la Feste de sainte Yvette, qui a mené vne semblable vie, fort loüée par le Cardinal de Vitry.

DES BEGVINES.

ON s'étonne quand on lit dans les vies des Peres du desert, qu'ils ont demeuré jusqu'à quatre ou cinq cents dans vn mesme lieu; mais on le croiroit facilement, si l'on avoit veu les Beguines de Flandre, qui demeurent huit cents, & mesme mille ensemble dans les villes de Bruxelles, Malines, Anvers, Gand, & autres. Elles s'adonnent à la pieté, & au travail des mains, cóme font celles d'vne

Des Beguines. 175

autre Maison appellée le petit Beguinage, où elles sont deux ou trois cents, & il s'en est veu à Nivelles jusques à deux mille sous la conduite d'Elizabeth de Graves & de saCompagne. *Sacrar. Namurc.*

La plus commune opinion est, qu'elles ont esté instituées par sainte Begue, veufve de saint Sigise Duc de Brabant & de Namur, qui mourut en l'an 687. *Sigibertus in Chronico.* Saint Louis l'honneur de la France, qui vivoit l'an 1270. leur donna à Paris la maison des filles de l'*Ave Maria*, il les fonda aussi en plusieurs autres villes, & sa charité qui n'avoit point de bornes, s'étendit sur elles jusqu'aprés sa mort, car ce grand Monarque laissa par testament des sommes confiderables à celles de Paris, & aux autres qui étoient répanduës par la France. *Ioinville en la vie de Saint Loüis.* Mais comme il n'y a rien qui ne foit fujet à l'inconftance, & que la pieté de ces Beguines fe diffipa, elles furent abolies en ce Royaume au Concile de Vienne. Neanmoins celles de Flandre ont l'avantage de s'eftre toûjours bien maintenues, & d'eftre fort anciennes, comme il fe void dans vne Chartre des Archives de Vilvorde, qui fait mention des privileges qui leur ont efté donnés dés le neufiéme fiecle par vn Duc de Brabant, elles font trois ans de Noviciat, puis elles promettent obeïffance à l'Evefque du lieu, & aux Magiftrats pour

Des Beguines. 177

le temps qu'elles y demeureront, qui sont des vœux simples; ce qui fait qu'elles peuvent quitter ces maisons quand bon leur semble, & se marier, mais on ne peut pas les renvoyer, si ce n'est qu'elles commettent quelque faute tres-considerable.

Elles portent par la ville vn habit de couleur minime, avec vn chapeau sur la teste, dont le dessus est plat & bien plus haut que celuy des bourgeoises, entre lesquelles on les reconnoît facilement ; elles chantent l'Office Divin aux Dimanches & aux Festes, avec Orgue & Musique. Chaque fille est tenue de donner à la Maison environ vingt écus de pension, avec son travail qui est ordinairement de la dentelle. Il y a des rentes en chacune, dont quatre Beguines ont la direction, & en rendent leurs comptes aux Magiſtrats vne fois en trois ans, aprés que le Controlleur de la ville les a veus & examinés.

Il y a vn grand nombre de filles devotes dans les villes de ces Païs, qui étant parvenues à l'âge ou les autres ont coûtume de ſe marier, prennent des habits ſimples & modeſtes, fuyent les compagnies de divertiſſement, & demeurent chez leurs parens. Elles prennent pour Directeur leur Curé, ou quelque Religieux, entre les mains duquel elles font des vœux ſimples, qui ne leur oſtent pas la liberté de ſe marier.

DES CHANOI-
nesses de Mons
en Haynaut.

SAINTE Waudrude Comtesse de Haynaut ayant consideré qu'vne vertueuse femme peut porter à la pieté son mary, ses enfans & ses domestiques, comme ont fait sainte Brigitte, & autres vertueuses personnes de ce sexe, fonda les Chanoinesses de Mons en Haynaut, il y a environ mille ans, dans l'esperance qu'ayant esté instruites en la vertu, elles seroient bien vtiles aux familles où elles entreroient.

L'on fait avant leur reception recherche de leurs titres de Noblesse, qu'elles font afficher contre les murailles de leur Eglise, où chacun les vient lire, & leur en dit ses sentimens. Sa Maiesté Catholique estend cette recompense sur les enfans de ceux qui par leurs armes, ou par leurs conseils ont bien servy son Estat, & elle ne donne point ces places qu'aux filles qui sont nobles de quatre races tant du costé de leur pere que de leur mere. Il faut auparavant qu'elles facent jurer la verité de leurs titres

titres publiquement en leur Eglise par deux Gentils-hommes, l'épée nuë à la main, & qu'elles souffrent que des Chanoinesses les visitent, pour connoître si elles n'ont point de defectuosité. Elles font chacune trois ans de Noviciat, leur habit est vn couvre-chef de toile fine, vne grande fraise où il y a cinq ou six plis, vn surplis & vne juppe entoûrée de belles & grandes peaux, semblables à celles des Aumusses des Chanoines, avec vn manteau noir qu'elles portent durant l'hyver, & qui est bordé d'vne mesme parure. Elles sont obligées après leur Noviciat de demeurer en pension sous la conduite d'vne des quatre Chanoinesses les plus âgées, qui continuent à les inftruire en la vertu jufques à l'âge de vingt huit ans: elles peuvent en fuite demeurer feules dans vne des maifons, qui leur appartiennent, & qui font fituées à l'entour de leur Eglife; le revenu de leurs prebendes eft d'environ mille livres de rente de nôtre monnoye pour chacune: elles portent par la ville l'habit de Demoifelle, avec vn petit linge fur la tefte, qui les fait connoître pour Chanoineffes, & elles n'en portent point l'habit, fi ce n'eft qu'elles aillent en carroffe.

Leur principal employ confifte à chanter l'Office Divin dans le Chœur de leur Eglife, qui eft vne des plus belles de tout le Païs : des Chantres

& des Muficiens leur aydent à chanter aux Feftes & Dimanches. Toutefois elles peuvent fe marier en quittāt leurs Chanoinies, & fouvent elles efpoufent des perfonnes de grande condition, mais quelques vnes ne trouvant pas des partis fortables, ayment mieux demeurer filles, que d'obfcurcir les rayons de l'honneur & dé la gloire de leurs peres, qui reialliffent fur leurs perfonnes. Elles font vne Proceffion le jour de la Trinité, où fe trouve le Clergé Seculier & Regulier, les plus confiderables de la ville, & le Gouverneur, qui mene vne de leurs Officieres appellée la Baftonniere. On y porte le Corps de fainte Waudrude dans vn chariot attelé de fix chevaux qui sont de long : viennent aprés plusieurs Reliques suivies d'vne grāde foule de monde, les portes de la ville sont fermées, & les Soldats en armes sur les ramparts. Il y a au dehors particulierement en temps de guerre des Compagnies de Cavalerie rangées en escadrons, pour eviter les surprises de l'ennemy. Le Comte de Haynaut aprés avoir iuré de maintenir les privileges du Chapitre de la ville, & ceux de la Province, & ayāt receu le serment des Estats, se rend en leur Eglise, où l'on chante la Messe solennellement, & à la fin le *Te Deum*: pendant la ceremonie il tient vne Crosse que la plus ancienne des Chanoinesses luy a presentée suivant la coûtume.

Il y a encore des Chanoinesses à Danelle, Dains, Maubeuge, & Nivelle. Celles de cette derniere ville elisent leur Abbesse par vn privilege de l'Empereur, & le Pape la confirme : on l'appelle Princesse du saint Empire. Quand elle prẽt possession de son Abbaye, elle va à Cheval par la ville precedée de trompettes, & accompagnée des Dames du Pays, qui vont aussi à cheval deux à deux, avec des plumes à leurs chapeaux, & lors qu'elles passent prés du lieu patibulaire, cette Abbesse le touche avec vne baguette pour marque de sa Iurisdiction.

DV DESERT
des Peres Carmes déchauſſés prés de Namur.

LES Peres Carmes déchauſſés ayant iugé à propos de vacquer le plus qu'ils pourroient à la retraite, arrêterent dans vn Chapitre General, qu'ils auroient vn Deſert en chacune des Provinces de leur Reformation, que vingt ou vingt-cinq de leurs

Religieux y demeureroient au moins chacun vn an, & quatre toute leur vie pour servir d'exemple aux autres. Le desert dont ie traite, est à vne lieuë de Namur dans la Forest de Marlagne, qui est vn lieu si favorable à la solitude, que selon Prefix, il estoit habité par 200. Hermites au temps de S. Heribert. L'Archiduc Albert & l'Infante Isabelle Claire Eugenie fille de Philippes II. Roy d'Espagne ont fait bâtir & fondé le Convent que ces Peres ont en ce lieu. L'on y arrive en marchant le long de la Meuse, qui porte quantité de batteaux, qui vont à Sedan, & autres villes. Il y a entre la premiere porte de la Maison & celle du mesme Convent vne grande plaine où font plantés quantité d'arbres, & au bout vne Chapelle, où l'vn des Peres de la maison dit la Messe aux Festes & aux Dimanches, à laquelle assistent ceux qui vienen ce lieu fameux. Dans la premiere court, se presente à la veuë vne grande Statuë de carreau élevée sur vn piedestail, qui represente le Pere Thomas *de Iesus* Religieux de leur Ordre, qui s'est beaucoup employé pour l'établissement de ce Desert, & de quelques autres.

 L'Eglise est bâtie au milieu du Desert, on voit au Maître Autel vn excellent tableau de saint Ioseph Patron de l'Eglise, & de cette solitude: au devant du portail il y a vn

Crucifix qui jette de l'eau par cinq ouvertures. Le Cloiſtre eſt bâti en la forme que ſont ceux des Peres Chartreux, excepté qu'il n'y a point de cheminées dans les Cellules, mais ils ont des Poeſles qui leur ſont fort neceſſaires, à cauſe que le Païs eſt tres-froid. Chaque Cellule eſt accompagnée d'vn petit Iardin, à la reſerve de celles des Hermites qui ſont ſur des collines, où ils ſe promenent chacun en ſon quartier.

L'on y void de plus cinq ou ſix Eſtangs, avec vn pareil nombre de courans d'eau, ce qui contribuë beaucoup à ſon embelliſſement, ainſi que pluſieurs fontaines, des bois taillis, de haute fuſtaye, & des grottes : il y en a vne où l'on void l'Image d'Elifée en relief, qui verfe de l'eau fur les mains d'Helie.

Quand vn Religieux vient faire fa retraite en ce lieu, on le mene auffi-toft à l'Eglife, & étant arrivé aux pieds du Crucifix, où il y a deux Cierges allumés, on chante l'Hymne du Saint Efprit, puis on luy demande le motif qui l'oblige de venir en cette folitude, & le Superieur ordonne à vn des Religieux qui font tous affemblés, de luy donner des advis conformes à fon deffein, & de luy enfeigner les principales chofes qu'il doit pratiquer; Cela fait les Religieux l'embraffent, & on le mene à fa Cellule en gardant le

déchauffez près de Namur. 191
silence. Le temps qu'il y doit demeurer estant achevé, il revient encore à l'Eglise devant le Crucifix, où les Religieux s'assemblent derechef, & aprés avoir fait vn peu d'Oraison & recité l'Itineraire, il est remené au lieu où il a esté receu. La Communauté s'y trouve, & le Superieur ordonne encore à vn Religieux de luy donner des instructions pour faire vn bon vsage, de ce qu'il a appris en ce saint lieu, puis on l'accompagne jusques à la porte du Convent.

Quand ils s'abordent l'vn l'autre, ils se servent tous de ces paroles, *Loüé soit nôtre Seigneur Iesus-Christ,* & celuy qui est salué, répond *A jamais.* Cette salutation pleut tant au

Pape Sixte V. qu'il accorda des Indulgences à ceux qui s'en serviroient. Ces Religieux ne parlent point les vns aux autres, mais quand ils sont obligés de se communiquer leurs pensées, ils les écrivent sur des ardoises qu'ils portent à leur ceinture, & celuy à qui ils s'adressent, fait sa réponce sur vn autre, conformément à la pratique des anciens Moines. *Haesteem. Prepos. Affligh. c. 12. de Sil.* Ils observent ce silence pendant toute l'année, excepté aux Festes les plus solennelles, où ils parlent tous ensemble, durant vne heure & demie.

Pour vn plus grand détachement de tout ce qui les peut éloigner de Dieu, ils ne peuvent écrire de lettres qu'à leur

leur General, & Provincial, ou aux Definiteurs de l'Ordre. Il ne leur est point permis d'étudier, de composer de Sermons, ny de lire d'autres livres que l'Escriture Sainte, ses Interpretes, les saints Peres, & les Autheurs qui traitent de choses spirituelles. Il y a six Hermitages en ce lieu appellés saint Michel, saint Ioseph, saint Iean Baptiste, saint François, sainte Therese & saint Albert, tous occupés par autant de Religieux, qui ayant obtenu de leur Superieur la permission d'y demeurer durant le temps qu'il jugera à propos, reçoivent sa benediction en vn iour de Feste, en la presence de toute la Communauté, aprés avoir oüy vn discours de pieté, & ils ne reviennent point au Convent, que pour assister à la reception des Religieux, qui y viennent faire leur retraite, pour parler au Pere Provincial, quand il fait sa visite, & pour assister vne fois en quinze iours à vne Conference spirituelle, qui dure vne heure, & dont le suiet est affiché deux jours auparavant en vn lieu public, afin que chacun se tienne prest à parler. Le Secretaire de l'Assemblée écrit ce qui a esté dit de plus remarquable, qu'on verra peut-estre vn iour imprimé, à l'exemple de Cassien, qui nous a laissé de semblables discours.

Tous ces Hermites ont chacun vne Chapelle avec vne cloche qu'ils sonnent, *déchauffés prés de Namur.* quand ils entendent celle du Convent, soit de jour ou de nuit, afin de faire voir qu'ils veillent, & qu'ils vont dire en leur particulier l'Office Divin, que leurs Freres chantent en commun : ils sonnent aussi la Salutation Angelique, & ce sont d'agreables Echos qu'on entend retentir de tous costés dans ce Desert. Ces mesmes cloches servent encore à appeller le Religieux qui a ordre de les aller trouver, quand il leur survient quelque infirmité, ainsi que leur Superieur, quand ils ont besoin de le comuniquer: il les visite neantmoins reglément vne fois la semaine, soit qu'il soit appellé où non. Ils les sonnent aussi quand ils veulent celebrer la sainte Messe, pour advertir leur voisin de la venir servir, puis celuy qui l'a dite, luy rend le mesme office. Cela fait, ils se donnent le baiser de paix, comme ils avoient fait en s'abordant, & se retirent sans rompre le silence. Afin de partager également la peine qu'ils ont à s'aller trouver, ils vont en la Cellule l'vn de l'autre chacun sa semaine.

Bien que les Religieux du Convent ne mangent point de viande, & que l'on y ieûne au moins durant huit mois de l'année, ainsi que dans leurs Convents des villes, neantmoins l'austerité des Hermites passe de beaucoup la leur, car ils ne vivent que de pain, de vin, de biere, de fruits & de legumes, à la reserve du Dimanche qu'on leur donne la mesme portion qu'aux Peres du Convent. Leurs provisions sont apportées toutes les semaines à certain jour par vn mulet qui a vne cloche penduë au col, & qui n'est conduit de personne. Il frappe de sa teste contre la porte de chaque Hermite qui prend sa portion, & s'il a besoin de quelque chose, il l'écrit sur vne ardoise que cet animal porte attachée sur sa croupe, & luy ayant mis vn morceau de pain dans la bouche, il continuë la route qu'il doit tenir. Ie tais les rudes disciplines que ces bons Religieux se donnent deux fois la semaine, ainsi que leurs autres mortifications.

DES CHEVAliers de la Toison d'Or.

COMME il n'y a point de plus puissans attraits pour obliger la Noblesse aux actions heroïques, que les marques d'honneur, qui luy sont conferées par les Princes: Philippes le bon Duc de Bourgogne porté par ce motif, institua étant à Bruges, les Chevaliers de la Toison, pour engager les Gentils-hommes des Païs bas à vne guerre sainte contre le Turc. La premiere Ceremonie s'en fit l'an mil quatre cens trente & vn, dans l'Eglise de saint Pierre de l'Ille, où l'on voit encore les Armes des Chevaliers. Cette action fut accompagnée de grandes magnificences, qu'Olivier de la Marche décrit fort amplement. Le nombre des Chevaliers fut limité à trente & vn, ce qui neantmoins n'a pas eu de lieu, car bien que cet Ordre n'apporte point de profit, il s'est tellement accrû, qu'il seroit difficile à present de les nombrer tous. Ils portent pour marque de leur Ordre, vne chaisne d'Or, avec vne peau de Belier, & aux jours de ceremonie vn long manteau qui est d'écarlate; ainsi que leur chaperon & leur bonnet, mais ils sont vêtus de noir, lorsqu'ils assistent au service de leurs Confreres deffunts.

Quand le Roy d'Espagne a envoyé vn Brevet à quelque personne de cõditiõ, pour recevoir l'Ordre de la Toison, il se trouve à Bruxelles en la Chapelle du Palais le jour de saint André Patron des Chevaliers, qui s'y assemblent tous les ans, pour faire leurs devotions. Le plus ancien fait la ceremonie, & ordonne au Secretaire de lire publiquement la patente, il preste en suite le serment, & vn Orateur fait vn discours en faveur de ses ancestres, ainsi que de sa personne, dont il rend aussitôt de tres-humbles actions de graces à la Compagnie qu'il assûre en general & en particulier de ses services. En suite les Chevaliers & quantité de Gentils-hommes qui ont honoré l'action, le remenent en sa maison. Cette Compagnie a pour Officiers vn Chancelier, vn Secretaire, vn Threforier & vn Heraut d'Armes.

Des Empereurs & des Roys ont tenu à vn grand honneur de recevoir cet Ordre, qui passe en la Cour d'Espagne, pour le premier entre les Chevaleries, & il a receu encore vn nouvel éclat par le Roy de Pologne, à present regnant, qui l'accepta fort volontiers, & en fit vn tres-grand conte, lors qu'il luy fut offert par Philippes IV. En effet Sa M. Catholique n'y admet que des Perſonnes fort Nobles, & d'vn merite extraordinaire, afin d'empeſcher qu'il ne reçoive quelque flétriſſûre.

Le Sieur Chifflet qui demeure à Bruxelles, à compoſé vn livre touchant les Armes des meſmes Chevaliers.

DES SAINTES Hosties de Bruxelles.

NOSTRE Seigneur Iesvs-Christ ne s'est pas contenté de se faire homme pour nous, & de perdre la vie du corps, pour nous donner celle de l'ame, mais pour faire paroître le grand amour qu'il nous porte, il a encore voulu faire le plus relevé des miracles dans le sacré Mystere de l'Eucharistie, afin de convaincre les mauvais Chrétiens de la realité de sa presence. Ionathas Iuif de nation ayant a-

cheté à Bruxelles vn Ciboire, où étoient saize Hosties consacrées, il l'ouvrit vn jour de Vendredy saint, & il fut si mal-heureux que d'en frapper quelques vnes à coups de cousteau, en la presence de plusieurs autres Iuifs ses complices. Elles rendirent en mesme temps vne si grande abondance de Sang, qu'il rejallit sur leurs habits. Ionathas & ses Compagnons ayant esté brûlés tous vifs pour vn si enorme crime l'an 1370. l'on porta en l'Eglise de sainte Gudule, qui est la Collegiale de Bruxelles, trois des Hosties qui avoient esté frappées, où elles sont en vne tres grande veneration. Les Gueux qui composoient vne secte d'Heretiques, tâcherēt vn jour
de

de les dérober, mais ce fut en vain, car vne devote Veufve les emporta en son logis, qui pour marque de la reconnoissance publique fut exempté à perpetuité de tous les subsides, que les habitans payent à la ville. On chante au Ieudy la Messe du saint Sacrement en Musique dans la mesme Eglise de sainte Gudule, où ces 3. Hosties sont exposées le mesme jour aprés midy sur l'Autel d'vne grande Chapelle, dans vn Chrystal entouré d'vn grād Ciboire d'or, qui est enrichy de perles & de diamans. L'Archiduc Albert & Isabelle Claire Eugenie son Epouse, y ont donné vne Couronne enrichie aussi de diamans, estimée plus de dix mille écus d'or. *Mireus in fastis Belgic.*

Et ce n'eſt pas vn moindre Miracle de voir ces ſaintes Hoſties auſſi entieres depuis tant d'années, que lors qu'elles rendirent du ſang.

Vne grande affluence de monde y va faire journellement ſes devotions, & on les porte tous les ans en Proceſſion par la Ville dans vn riche Soleil, le Dimanche qui precede la Feſte de Sainte Marguerite au mois de Iuillet: le Clergé Seculier & Regulier s'y trouve, ainſi que le Gouverneur, que l'on attend s'il eſt abſent, mais il taſche toûjours de s'y rendre au jour arreſté. Ie ne peux paſſer ſous ſilence la pieté de l'Archiduc Leopold Gouverneur des Païs-bas, qui eſtant à l'armée quittoit le Camp, & prenoit la poste pour y assister. Vn Seigneur porte en main vn Estendart, où les trois Hosties sont dépeintes. Le Chancelier de Brabant est precedé par les Huissiers du Conseil, puis marchent, le mesme Conseil à la droite, & les Maistres des Comptes à la gauche. Suivent les autres Officiers de la Iustice tous avec des flambeaux ardans à la main, ainsi que les honnestes gens de la ville, qui viennent en suite. La Musique produit tout ce qu'elle a de plus harmonieux, & l'on entéd quantité d'instruments : les Compagnies du Serment sont sous les armes dans les ruës, pour empescher la foule, & le reste de la journée se passe en de grandes réjouïssances. Durant l'Octave les saintes

Hosties demeurent exposées au milieu de l'Eglise, sous vne grande Machine ornée de drap d'or & autres riches étoffes; le lieu est entouré de plus de cent balustres d'argent massif, donnés par l'Archiduc Albert. On chante la Musique & la Predication se fait tous les jours de l'Octave, où il se trouve vn grand concours de monde, & les ruës voisines sont couvertes de fueillages.

Dieu a voulu faire paroître par quantité de miracles, combien la veneration de ces saintes Hosties luy est agreable, je me contenteray d'en rapporter vn qui est couché dans les Archives du Chapitre de Bruxelles, arrivé l'an 1587. en la personne du Curé de Thiois Heydens Tongres prés de

Maſtrich. Il fut enſorcelé, & ſentit auſſi-tôt vne grande émotion par tout le corps, ſon cœur devint ſi enflé, qu'il étoit preſt à crever, ſi heureuſement il n'euſt vomy avec vne ſi grande violence, qu'il tomba en de grandes convulſions. Ses entrailles, les jointures de ſes mains & de ſes jambes ſe retirerent ſi fort en ſuite, qu'il ne pût manger, boire, ny dormir durant 15. jours: on le portoit d'vn lit en vn autre pour le ſoulager, mais inutilement, parce qu'il ſentoit de ſi cuiſantes ardeurs dans tout ſon corps, qu'il luy ſembloit brûler. Enfin le poiſon ayant fait tous ſes efforts, s'éloigna du cœur, & ſaiſit les membres exterieurs, commençant par les bras & par les jambes, puis il se communiqua aux autres parties, jusqu'à ce qu'il l'eust rendu entierement perclus. Il jetta encore tant de sang par le nés durant trois mois, qu'il ne luy en restoit presque plus, & l'humeur veneneuse s'assemblant en suite sur les jointures des bras, & des jambes, l'attacha si fort à son lit, qu'il ne pouvoit se remuer. La maladie s'accrut tellement qu'il perdit mesme l'vsage de la langue, & son corps devint si attenué, qu'il ne paroissoit plus qu'vn squelette. Aprés avoir éprouvé en vain tous les remedes de la Medecine, il eut recours aux Saintes Hosties de Bruxelles, appellées communement le Saint Sacrement de Miracle, où s'étant fait porter, il fît celebrer la Sainte Messe, & aussi-tost qu'elle fut achevée, ô merveille, ô prodige! il receut vne parfaite guerison, & vescut encore long-temps aprés en parfaite santé, menant vne vie fort exemplaire.

Cette devotion leur en a fait naistre vne autre appellée le Tour du saint Sacrement, qu'ils font en la maniere suivante. Ils partent de l'Eglise où sont les saintes Hosties, aprés les avoir saluées, & vont le chapeau à la main dans vne autre, saliter le saint Sacrement, puis ils reviennent en celle d'où ils sont partis, & y achevent leurs prieres, ce qui se pratique aussi dans les autres villes de la Flandre.

En l'Eglise Collegiale de saint Amé à Doüay, il y a vne Hostie, qui rendit autrefois du Sang: le second jour des Festes de Pasques, le Chapitre de cette Eglise fait vne Procession fort solennelle, où l'on la porte. Le Sieur le Pipre l'vn des Chanoines a fait bâtir depuis quelques années la Chapelle, où est ce sacré Depost, & orner de marbre de tous costés, avec des peintures qui representent ce Miracle.

Il y a encore à Louvain vne Hostie miraculeuse chez les Peres Augustins, qui font tous les ans vne Procession fort celebre en son honneur, le troisiéme Dimanche d'aprés la Pentecôte. A Herkenrode, qui est vn Monastere de

Religieuses de l'Ordre de Cisteaux, il y en a aussi vne autre, qui a fait des Miracles.

On garde au Monastere, qui est dans le bois du Seigneur Isaac, à deux lieües de Hal, vn Corporal teint du Sang, qui a coulé d'vne Hostie, il s'y est fait plusieurs Miracles. On fait vne Procession tous les ans le Dimanche qui suit la Nativité de la Vierge, où l'on porte ce precieux Sang, & ils en celebrent l'Octave, pendant laquelle ils font l'Office du saint Sacrement.

DV SANG DE
nôtre Seigneur qui est à Bruges.

L'AN onze cens quarante cinq, les Sarrazins prirent par assaut la ville d'Edesse en Armenie, & poussés d'vn mouvement brutal, qui leur avoit osté les lumieres de la raison, ils tuerent l'Archevesque, & tous les habitans de la ville. *Baro. ad ann. 1145. num. 28.* Ce qui anima contre eux plusieurs Princes

Du Sang de N. S. qui est à Bru. 215
Chrétiens, & particulierement Theodoric d'Elsace, Comte de Flandre, qui se transporta en Syrie avec Louis Roy de France, où ils firent souffrir aux coupables les peines que meritent ceux qui commettent de semblables crimes. *Chronic. Fland. c. 22.*

Theodoric étant prest de s'en retourner, Fulques d'Aniou Roy de Ierusalem & son Beaupere, luy fit present d'vne partie du Sang de nôtre Seigneur, qu'on tient par tradition estre celuy que Ioseph d'Arimathie recueillit avec vne éponge, avant que de laver son precieux corps. *Guichardin en parlant de Bruges.* Quoyque quelques Theologiens estiment le contraire, & disent qu'il ne se trouve point du Sang de nôtre Seigneur, qu'au S. Sacrement de l'Autel, & que s'il y en a ailleurs, c'est par miracle. Theodoric reçût ce Thresor comme vne faveur tres-rare, & le fit apporter par Leon Abbé de Saint Omer, qui l'avoit accompagné en son voyage. Le Clergé de Bruges suivy des plus considerables personnes de la ville, l'alla recevoir hors les portes.

Le peuple va souvent honorer cette adorable Relique, mais particulierement au Vendredy, qu'elle est exposée sur l'Autel. Les Papes pour exciter la devotion des Fidelles ont accordé de grandes Indulgences à ceux qui visitent ce saint lieu. On fait tous les ans vne Procession generale,

rale, où l'on porte ce precieux Sang dans vne belle Chasse, que les Prestres de cette Eglise mettent és mains des Chanoines de la Cathedrale de Bruges, aprés leur avoir fait prester serment, qu'ils la leur rendront, quand la procession sera finie; & parce qu'on voulut autrefois enlever ce sacré Thresor, ils le font garder par leurs Officiers, ceux de la Maison de Ville & de la Prevosté, qui sont tous armés. L'Evesque & l'Abbé de saint Berthin portent la Chasse, & parce qu'elle est trop pesante, ils la baillent durant vne partie du chemin aux Abbés des lieux circonvoisins, puis les Abbez aux Chanoines, à la fin l'Evesque & l'Abbé la reportent dans la

T

Chapelle, où les Chanoines la rendent aux Chapelains. Le Clergé Seculier & Regulier s'y trouve, les personnes les plus qualifiées de la ville, & le peuple. Les Compagnies du Serment sont sous les armes durant la ceremonie, pour prevenir les desordres que cause ordinairement la grande affluence de monde. Cette solennité ne se termine pas en vn jour, mais durant les quinze autres suivans, les Paroisses & les Convents vont en Procession visiter ce S. lieu.

Il y a pareillement à Namur du Sang de nôtre Seigneur, en l'Eglise de S. Alban, qui fut donné l'an 1205. par Henry Administrateur de l'Empire de Constantinople, & depuis Empereur. On l'expose sur l'Autel tous les Vendredys.

DV BOIS DE LA vraye Croix.

DEPVIS que sainte Helene mere de Constantin trouva la vraye Croix, les Chrétiens l'ont toûjours euë en vne veneration tres particuliere. Henry Empereur de Constantinople, dont nous venons de parler, en donna vn morceau aux Chanoines de Namur, qui l'honorent particulierement les Vendredys de chaque semaine, ainſi que les citoyens de la ville. Mais leur devotion redouble aux Feſtes de la ſainte Croix en May & en Septembre, où l'Eveſque le porte en Proceſſion aſſiſté du Clergé, de la Iuſtice, & des honneſtes gens de cette ville, qui a pris deux Croix pour ſes Armes, ne voulant point à l'exemple de l'Apoſtre ſaint Paul, ſe glorifier en autre choſe qu'en la Croix de IESVS-CHRIST.

On garde auſſi dans l'Egliſe de S. Pierre de l'Ille vn morceau de la vraye Croix, qui eſt enrichy de pierreries. On le baiſe les genoux en terre aux jours du Vendredy ſaint, de l'Aſcenſion, & de l'Exaltation de la ſainte Croix, auſquels les Chanoines viennent au milieu de l'Egliſe, avec l'Officiant, qui est revêtu d'vne Chappe, & assisté de plusieurs enfans de Chœur, qui tiennent des Chandeliers d'argent avec des cierges allumés; il presente ce sacré Bois à baiser aux assistans, qui entrent par vn côté, & sortent par vn autre. Les Officiers du Chapitre s'y trouvent, & tiennent à la main des baguettes, pour empescher que le grand concours de monde, ne cause quelque desordre.

A Furnes, ils ont encore vne partie de la vraye Croix, & en l'Eglise de saint Michel, à Bruges vne autre, ainsi qu'aux Abbayes de Bron & de S. Pierre de Gand; qu'ils portent tous vne fois l'an en Procession, chacun dans son Eglise.

Mais pour ne parler pas seulement de la vraye Croix, ains aussi de quelques autres de ces Pays. A Anvers dans la place appellée de la mer, on en voit vne fort belle avec vn Crucifix doré, de hauteur d'homme, & de l'autre côté de la mesme Croix vn semblable Crucifix, ils sont élevés sur vn piedestail de marbre blanc, noir & jaspé, d'vne grandeur extraordinaire. On voit encore en vne autre place de la mesme ville, vn semblable piedestail, avec vn pareil Crucifix, mais sans dorûre.

Il y a vne Croix dans le Cemetiere des pauvres de Cambray, nommée la Croix d'*Amen*, qu'on y erigea, en memoire de ce que Liebert Evesque du lieu priant la nuit en ce Cemetiere pour les Fidelles trepassés, & prononçant ces paroles : *Requiem æternam dona eis Domine*, on entendit plusieurs voix, qui répondirent toutes ensemble, *Amen*.

Ce Prelat touché de cette réponse, fit bâtir vne Eglise en l'honneur du saint Sepulchre de nôtre Seigneur prés de cet endroit. *Raiss. in Belgic. Christ.*

DES PROCES-
sions.

SI la pieté de ces peuples paroist par le soin qu'ils ont de faire tant de saints établissements, pour obtenir les graces de Dieu, elle n'éclatte pas moins dans les actions de graces qu'ils rendent à sa Divine bôté, pour les biens-faits qu'ils en ont receus. C'est par ce iuste mouvement que tous les ans ils font à Ypres, Douay, Valenciennes, Louvain & autres villes, des Processions publiques à certains jours pour avoir esté delivrés de leurs ennemis, & bien qu'elles se fassent en quelques villes aux jours de travail, neantmoins on n'ouvre point les boutiques, pour rendre l'action plus solennelle.

Les habitans de Commines font vne Procession le second Dimanche de Iuillet, pour remercier Dieu des graces qu'il leur à faites par l'intercession de saint Chrysole: ceux de la Bassée, vne autre le premier Dimanche du mesme mois, en memoire de ce que le Pape leur accorda vne Confrerie du saint Sacrement.

Mais ils sont encore reconnoissans dans ces Pays en beaucoup d'autres manieres, car ceux qui sont mariés depuis cinquante ans, vont à l'Eglise faire celebrer la sainte Messe pour action de graces, & les Prestres, qui ont passé le mesme âge dans le Sacerdoce, la celebrent eux mesmes, ainsi que les Religieux, ausquels on rend plus d'honneur & de respect qu'auparavant, en consideration de leur grand' âge. Les Communautés Religieuses n'oublient pas aussi de celebrer le Centiéme an de leur fondation, ny les Vniversités de Louvain & de Doüay, dont ie parleray au livre de la police. Les Religieux de l'Ordre de saint Norbert ont celebré l'an Cinq cens aprés leur Institution, le Chapitre de Gand le Milliéme, depuis la mort de saint Bavon Patron de l'Eglise

Cathedrale, & deux ans aprés ils folemniza encore le Milliéme an, aprés la mort de faint Levin, à caufe q'uil y a en la mefme Eglife, vne Chapelle qui porte fon nom, ce que pratiquerent aufsi les Peres Iefuites de Gand dans leur Eglife, dont ce mefme Saint eft Patron.

DES CARMESSES.

LES Carmesses sont des divertissemens publics, qui se font tous les ans en vn jour de Feste dans les villes, & mesme dans les Bourgs. J'assistay à celle de Bruxelles qu'on fait au mois de May. Les ruës étoient parées de branches d'arbres verdoyantes, & fort remplies de monde, ainsi que les fenestres des maisons, car l'on vient de divers lieux, tant pour voir cette réjoüissance, que pour
se

se trouver le lendemain à l'ouverture de la foire, qui dure plusieurs jours avec ce privilege, qu'on ne peut y arrêter personne pour ses debtes.

Cette Carmesse commença sur les deux heures aprés midy, & comme ces peuples ont toûjours la pieté pour objet, ils se servent mesme dans leurs divertissemens des sujets, qui les y peuvent porter. L'Enfer se presenta d'abord aux yeux des spectateurs, qui parût sous la figure d'vn grand chariot entouré de toiles, où étoient dépeints des Dragons & des Serpens, & au dedãs on voyoit des hõmes vêtus en Furies, qui jettoient continuellement des fusées en vn si grand nombre, qu'ils sembloient convertir l'air en flâmes.

V

Suivoient huit ou dix hommes en chemises & en caneçons, qui avoient chacun vn Espadon nû à la main, & sans pointe ; ils dançoient continuellement avec vne grande addresse & legereté, se mélant les vns parmy les autres, & passoient au travers d'vn cercle, faisant tous les tours de souplesse imaginables. Marchoient aprés quatre Bourgeois, qui portoient des halebardes, dont le fer estoit doré, & ils precedoient vn grand ieune-hóme, qui representoit S. Michel avec ses deux ailes, vne Croix au front & l'espée nuë à la main, qu'il remuoit incessamment en se tournant à droit & à gauche. Il y avoit à ses costés d'autres jeunes-hommes vestus en Furies, dont les vns combattoient contre luy, les autres dançoient & faisoient diverses postures.

Venoit en suite vne Compagnie de Piquiers, qui portoient de grands Buffes avec des écharpes rouges, & marchoient au bruit des Tambours & des Trompettes. A la queuë de ceux-cy paroissoient de jeünes enfans de dix a douze ans lestement vétus, montés sur des figures de Chameaux, de Lyons, d'Elephans, de grands chevaux & autres bestes représentées au naturel, & qui estoient portées par des hommes cachés au dessous.

De plus on voyoit en peinture vn Dragon étendu de son long sur vne grosse Machine, au haut de laquelle il y avoit vne fille âgée d'environ quinze ans, & deux autres au bas.

Marchoient en suite vingt-quatre Bourgeois avec des bâtons à la main, & revestus de robes de drap doublées de satin, qui venoient jusqu'à moitié jambe.

Suivoient des Tambours vestus à la Suisse, fort bien couverts, & les Compagnies du Serment, dont cent de ceux qui finissoient la troupe, portoient des hauts de chausses d'écarlate, ornés de freluches de soye, des pourpoints de satin blanc, avec des nerveures, & des plumes à leurs chapeaux. Ces habits leur furent donnés par l'Archiduc Albert, pour estre portés à la Carmesse. Ils tiroient fort souvent leurs mousquets qui sont de pareille longueur & calibre, & si grands qu'ils étoient obligés de les soûtenir avec des fourchettes; ils alloient cinq à cinq, & quand quelqu'vn d'eux tiroit, tous les autres faisoient leur décharge en mesme temps; s'ils saluoient vne personne de qualité, ils se mettoient deux rangs vis à vis l'vn de l'autre, & ils tiroient dix coups de feu.

Cette Compagnie étoit suivie de plusieurs autres aussi en Armes. Marchoient à pied deux ou trois cents Bourgeois quatre à quatre, qui étoient suivis de Trompettes richement vestus, puis venoient les jeunes gens de la

Ville âgés de vingt à vingt deux ans, tous montés à l'avantage, avec des habits couverts d'or & d'argent.

Enſuite de ces Compagnies marchoient des chariots remplis de devotes repreſentations, attelés de ſix beaux chevaux montés par autant de petits garçons ſuperbement veſtus, avec des plumes d'vne meſme couleur ſur la teſte.

L'on portoit les Saints Patrons de la Ville, ainſi que les Armes des dix-ſept Provinces, & l'on voyoit marcher de grands Batteaux dorés, montés ſur des roües, & tirés par quantité de beaux chevaux. Il y avoit au dedans de petits garçons & de petites filles fort-bien parées avec des Muſiciens, des joüeurs d'inſtrumēts, & de petits Matelots veſtus de diverſes couleurs, qui montoient ſouvent au haut du Vaiſſeau, & deſcendoient par le moyen des cordages. A la fin on portoit pluſieurs Statuës d'argent, avec celle de Noſtre-Dame, qui eſtoit ſous vn dais: venoient aprés les Croix & les Banieres ſuivies par des Preſtres reveſtus de chappes, qui chantoient par les ruës des prieres conformes au ſuiet. La Carmeſſe ſe termina ſur le ſoir, & chacun ſe retira en ſon logis.

DE LA FESTE
de la sainte Trinité à Anvers.

Ien que la réjouissance publique, dont ie vais parler, ayt beaucoup de rapport à la Carmesse d'Anvers, elle ne tient pas lieu neantmoins de Carmesse aux habitans de cette ville, car ils font la leur au mois d'Aoust le jour de l'Assomption de Nôtre Dame, où ils representent plusieurs Histoires tant du vieil que du nouveau Testament. M'y étant rencontré je vis d'abord vn Chameau mené par vn More, qui precedoit la Ceremonie, & étoit suivi de plusieurs autres animaux montés par de petits garçons: puis venoit le Chariot appellé la Pucelle, representée par vne Statuë, revestuë d'vne riche robe, & accompagnée de trente jeunes filles âgées de douze à quatorze ans, fort lestement vestuës.

Suivoient 2. hômes qui portoient les Armes de l'Empire, celles de la Pucelle & de la ville d'Anvers, à sçavoir. S.P.Q.A.

L'Enfer estoit representé dans vn grand chariot, d'où sortoient continuellement des flâmes. Venoit ensuite vne

Baleine, sur laquelle estoit vn homme nû ; elle avoit encore deux Balenons à ses costés, qui portoient de petits garçons.

Suivoit vn Elephant sur lequel estoient quatre hommes vêtus de verd, & des enfans marchoient entre ses pieds. Le Chariot de Neptune, & vn autre qu'ils appelloient le Parnasse, y parûrent aussi avec la representation d'vn grand Geant, & autres figures d'hommes & de femmes, vêtues à l'Espagnole : à l'entour dançoient plusieurs jeunes hommes au son de quantité d'instrumens.

Les Compagnies du Serment s'y trouverent pareillement en fort bel ordre, avec quantité de tambours, tirant leurs mousquets sans cesse. On vid aprés 15. ou 16. chariots attelés les vns de quatre, & les autres de six chevaux, remplis d'Images en relief, qui representoient chaque Mystere de la vie de Nôtre-Dame, la Naissance de nôtre Seigneur, l'Adoration des trois Roys, & la Resurrection generale.

Venoit en suite celuy de la S. Trinité representée par trois hommes, avec des rayons sur la teste. Cinq Trompettes marchoient en suite à cheval couverts d'ecarlate, & precedoient cent cinquante jeunes-hommes aussi à cheual, fort bien vêtus, dont chacun portoit en main vn Estendart blanc, & rouge, la plûpart le casque en teste, conduits par le fils d'vne des plus confiderables perfonnes de la ville, & afin que fi leurs chevaux déferroient, ils peuffent auffi-tôt remonter, fuivoit vn garçon Maréchal, monté auffi à cheval, qui s'étoit noirci le vifage, pour fe mieux faire regarder.

A la fin marchoit le Clergé Seculier & Regulier, chantant des prieres accommodées à l'action. L'Abbé de faint Michel d'Anvers de l'Ordre de Premontré étoit à la queuë, la Mitre en tefte, accompagné de quarante Religieux de fon Abbaye, dont l'Eglife eftoit anciennement la feule Paroiffe de la ville d'Anvers, qui fut donnée à faint Norbert, aprés qu'il eut détruit l'herefie du du Sacramentaire, Tanchelin. *Surius to. 3.*

J'appris du Sieur Guevart Secretaire de la Ville d'Anvers, & fort conneu par ses sçavants écrits, que le divertissement dont j'ay parlé cy-devant, coûte tous les ans plus de deux mille escus de nôtre monnoye à la Maison de Ville, sans parler de trente mille autres, qu'ont coûté les Machines & les Representations que l'on y porte.

Cet Autheur voulut bien m'inviter à vn Festin, qu'il faisoit le iour de cette Feste au Sieur Sanderus aussi Autheur, & à quantité d'honnestes gens. Le Lecteur ne sera sans doute pas marry d'apprendre le respect que l'on porte en ces Païs là aux Souverains, & que l'on y saluä les santés du Roy & de la Reyne d'Espagne, de l'Empereur, de l'Imperatrice, & celles du tres-Chrestien Roy de France, & de la Reyne, dans de grands Vases de Cristal, dont chacun contenoit au moins deux pintes mesure de Paris, & qui étoient soûtenus par de grands piedestaux d'argent doré. On couvrit premierement la table d'vn service de viandes froides, dont ils mangent souvent en ces Païs, & mesme le soir, & en suite nous fusmes traittés à la Françoise.

DE LA CARMES-
se de Gand.

J'Assistay à la Carmesse de Gand qu'on fait le Dimanche de l'Octave du S. Sacrement, elle est composée des E'choliers des Augustins, & autres jeunes-gens L'on voyoit d'abord plusieurs tableaux, où étoit representé le saint Sacrement. Suivoit vn chariot rempli de petits garçons, qui tenoient en main des devises en l'honneur de cet adorable Mystere; puis on portoit vn drappeau, où étoit dépeint saint Augustin avec ces paroles au bas, *Malleus Hæreticorum*, & quantité de jeunes garçõs dançoiét.

Venoit en suite vn chariot rempli d'enfans vêtus en Anges, qui tenoient des Calices & diverses figures du saint Sacrement avec ces devises, *Angelorum esca, cibus viatorum*, & autres. Paroissoit en suite la Religion qui triomphoit de l'heresie, suivie d'vn chariot, où étoient de jeunes gens, qui tenoient en main d'autres devises en l'honneur de la trés-sainte Eucharistie: puis on voyoit des hommes, qui portoient vne autre Image de Saint Augustin avec vn grand Cierge.

On portoit aprés la figure d'ũ

Lyon, dont le col & la queuë étoient remplis de rubans, & il étoit accōpagné par 4. jeunes garçons, qui tenoient autant de cordons de soye, & dançoient continuellement. Suivoit encore vn Lion, & plusieurs autres animaux montés aussi par d'autres enfans. L'on entendoit quantité de tambours avec des flûtes & des hauts-bois. Où voyoit de plus vn chariot attelé de fort beaux chevaux, où étoient de jeunes gens, qui portoient aussi des devises en l'honneur du S. Sacrement. A la fin marchoient prés de 200. jeunes hommes de 18. à 20. ans fort bien vétus, & precedés de trōpettes; ils tenoiēt en main des Guidons, & tiroient souvent leurs pistolets.

DES DEVOTIONS
à la sainte Vierge.

LA Sainte Vierge étant devenuë la Mere de Nôtre Seigneur IESVS-CHRIST par vne des plus grandes graces, qui puisse estre donnée à vne Creature, & qui est presque infinie; nous ne devons pas douter, qu'Elle n'ait le pouvoir de nous procurer ce que nous demanderons à Dieu pour l'avancement de nôtre salut. C'est pourquoy non seulement les Peuples de ces Païs, mais encore les Souverains, & particulierement Philippes IV. ont esté fort devots à cette Sainte Dame.

Le Marquis de Caracene Gouverneur des Païs-bas, en l'an mil six cens soixante-deux, ayant receu l'ordre du mesme Philippes de consacrer les Païs-bas à l'honneur de la Conception de la Vierge, il en donna avis aux Peres Iacobins de Bruxelles, & se rendit en suite en leur Chapelle du Rosaire, accompagné de quantité de Marquis, de Comtes, de la Noblesse, & de tous les Corps de la ville. L'on y chanta la Messe en Musique avec toute sorte de solennité. A la fin ce Marquis fit lire vn Formulaire, par lequel Sa Majesté

Catholique confacroit fa Perfonne & les Païs-bas à la Conception de la bien-heureufe Vierge, ce qui fut fuivi d'vne Proceffion fort folennelle, aprés laquelle on érigea cette devotion en Confrérie, où plufieurs hommes & femmes de qualité fe firent enregiftrer, & on refolut d'en celebrer tous les ans l'Octave avec Sermons & Mufique. L'Abbé Bifot fut mandé de Paris il y a quelques années pour la prefcher, & il s'en acquitta avec beaucoup de fuccés.

L'Vniverfité de Doüay fuivant ce bel exemple, fe confacra à l'honneur de la Conception de Noftre-Dame, par vne Proceffion folennelle, où affifterent huit cens Efcholiers de Philosophie, avec des flambeaux ardans à la main. L'on portoit plusieurs Images de cette Reyne du Ciel, dans de superbes chariots. Venoit en suite le Clergé Seculier & Regulier, accompagné de l'Vniversité, de la Maison de Ville, & des Personnes de condition. Ils allerent en l'Eglise de Saint Pierre, où la Sainte Messe fut chantée solennellement, & le Recteur y presenta vn fort beau Cierge à l'Offertoire.

Ils celebrent avec beaucoup de solennité, les Festes de Nôtre-Dame, & mesme jusques à neuf jours en quelques endroits, & ils ont ses Images en grande veneration. Ils font vne Octave tous les ans à Bruxelles en l'Eglise de Cobergue prés le Palais, en memoire de la Translation, faite par l'ordre du Cardinal Infant, de l'Image miraculeuse de Nôtre-Dame de Bosleduc, qui fut sauvée des mains des Hollandois, lors qu'ils prirent la ville. I'y veis le Marquis de Caracene Gouverneur des Païs-bas, assister à la Procession, qui se fit en vn Dimanche, accompagné de plusieurs Seigneurs, & Chevaliers de la Toison d'Or, tous avec des flambeaux à la main; & les cent gardes du Palais vêtus de jaune, qui sont les couleurs du Roy d'Espagne, marchoient à leurs costés.

Au Chapitre d'Anvers, on chante tous les jours en

Musique & avec l'Orgue, le Salut qu'on dit à la fin de Vespres, en l'honneur de la Vierge.

A Valenciennes, Hedin, l'Ille, & en quantité d'autres villes, ils chantent tous les soirs des prieres dans les Eglises en l'honneur de Nôtre-Dame, où il se trouve vne grande affluence de monde.

A Louvain, ils font vne fois l'an, vne solennité appellée la Recollection des Festes de la bien-heureuse Vierge, imitant en cela l'Eglise, qui celebre vne fois l'an la Feste de tous les Saints.

Deux Eschevins de Valenciennes portent tous les ans des Cierges de la part de cette Ville à Nostre-Dame de Bonne-Esperance, qui en est éloignée d'vne demie heure de chemin.

Les plus considerables personnes de Bruxelles ne leur cedent pas à rendre de l'honneur à la S. Vierge, car ils font faire tous les ans au mois de Ianvier de hautes Machines, éclairées de quantité de bougies, qui font briller les Chiffres de l'Auguste Nom de Marie, qu'on voit écrit en quantité de lieux de la mesme Machine, & le souvenir de cette Sainte Dame leur est si agreable, qu'à Doüay, & en d'autres Villes, ses Images sont sur la plûpart des portes des maisons.

Mais entr'autres la figure en relief de Nostre-Dame de Hal, est extrémement renómée, Dieu ayant operé vne infinité

infinité de Miracles depuis prés de 400. ans, dans l'Eglise où elle est honorée. Elle fut donnée aux Habitans de Hal par Mechtilde Princesse tres-devote, à qui Elizabeth Reyne de Hongrie l'avoit leguée par testament.

Au Chapitre de Cambray, il y a encore vne fort belle Image, qu'on tient avoir esté peinte par Saint Luc, les habitans de Cambray luy rendent leurs respects, particulierement pendant l'Octave de l'Assomption de Nôtre-Dame. Ils portent aussi volontiers en ces Païs des Medailles, où est gravée l'Image de la S. Vierge, & dont l'vsage a esté inventé, ou du moins rétably par le Duc d'Arscot, qui en portoit à só chapeau du téps des gueux.

DES PROCES-
sions en l'honneur de
la Sainte Vierge.

L y a en l'Eglise de Saint Pierre de l'Ille, du Laict de la Sainte Vierge & de ses cheveux, dans vne Chasse d'argent doré, enrichie de quantité de Pierreries : on la porte tous les ans en Procession le iour de la Trinité, à l'entour de la Ville en temps de paix, & sur les ramparts en temps de guerre. La Veil-

le de cette Feste, les Chanoines s'assemblent au son de toutes les cloches de leur Eglise, puis ils exposent sa Chasse avec celles de Saint Eubert, de Saint Piat, & vne autre où il y a des Reliques des onze mille Vierges.

L'Autel où l'on les met, est éclairé d'vn tres-grand nombre de Cierges, & l'Eglise pleine de personnes qui viennent y faire leurs devotions. Le Magistrat assisté de trente Sergeants tous à cheval, va visiter le mesme iour les ruës où l'on doit porter la Chasse, & met en amende ceux qui ne les tiennent pas assez nettes.

Le lendemain, qui est le iour de la tres-Sainte Trinité, la Procession sort de l'Eglife sur les sept heures du matin encore au son de toutes les cloches : au Portail du Cloistre, les Chanoines mettent la Chasse de la Vierge, entre les mains du mesme Magistrat, qui preste le serment de la leur rendre; elle est suivie par les ruës de plus de deux cents autres, qui appartiennent aux Eglises de la Ville. Lors qu'on est prest de sortir les murs, ce Magistrat accompagné de ses Officiers, la confie au grand Baillif de l'Ille, qui jure aussi de la luy rendre, quand on rentrera dans la Ville. Il la suit à cheval, assisté de ses Officiers, & tient en main vne fort longue baguette pour marque de son authorité. Estant de retour en la Ville, *de la Sainte Vierge*

il la remet és mains du Magistrat qui la rend aux Chanoines, quand ils sont retournés en leur Eglise. Ils l'y laissent durant neuf iours devant la Chapelle de Nôtre-Dame de la Treille sous vn beau Pavillon, avec les Chasses de S. Eubert, & de S. Piat, à ses costés. Il s'y trouve vn grãd concours de monde, qui les va saluer & baiser, particulierement celle de la Vierge, & faire le tour de la Ville par les lieux où elle a passé, en disant le Chapelet. Les neuf iours étant finis, le Clergé la porte en Procession à l'entour de la grande Place de la Ville avec beaucoup de ceremonie, puis on la remet en sa place.

Les habitans de Valenciennes étant travaillez de la peste en l'an mil huit, aprés la Naiſſance de Nôtre Seigneur, la bien-heureuſe Vierge leur apparut ſuperbement vêtuë, ſur les murs de cette ville, qu'elle entoura avec vn fil, & commanda que le lendemain jour de ſa naiſſance, on continuât à prier Dieu, que l'on fît vne Proceſſion à l'entour de la meſme ville, & que la maladie ceſſeroit, ce qui arriva; & ce fil a toûjours eſté conſervé depuis avec beaucoup de reſpect.

Il y a vne Confrerie, dont les Aſſociés portent le meſme fil en Proceſſion nuds pieds le jour de la Nativité de la Vierge, & pour rendre la ceremonie plus celebre, on fait venir les Reliques & les

Corps Saints des lieux voisins. La seule Abbaye de Vicoigne, en fait apporter dix-huit dans de belles Chasses, qui sont ordinairement placées au haut des chaires de leur Chœur. Le Clergé de Valenciennes accompagné des Echevins & des Habitans, les va rencontrer hors les portes, & les conduit jusques à l'Eglise, où se fait la ceremonie.

Le lendemain les Abbés de saint Crespin, saint Sauf, & autres du voisinage, se trouvent à la Procession, revêtus de Chappes, la Mitre en teste & la Crosse à la main, debout dans de magnifiques chariots, trainés par de beaux chevaux, & les Bourgeois portent à la main des baguettes blanches avec des bouquets de fleurs au bout, pour mieux marquer l'inſtitution de la ceremonie. A la fin de la Proceſſion on celebre la Meſſe, avec beaucoup de ſolemnité, & on laiſſe durant l'Octave, les Corps ſaints & les Reliques dans l'Egliſe, où les Abbés chantent la Meſſe chacun à leur tour.

La devotion du peuple paroît non ſeulement dans l'Egliſe, mais encore aprés le divin Service, où ils font le tour des murs de la ville, qui ont prés de deux lieuës de circuit, le Chapelet à la main, & la plûpart nuds pieds, ce qu'ils appellent le tour de la Vierge. Aprés ils reviennent dans l'Egliſe remercier Dieu de la grace qu'il leur a faite, *de la Sainte Vierge.* 261

de leur avoir inspiré cette bonne action. Ce tour se pratique aussi durant le cours de l'année en la mesme ville, ainsi que dans les autres, où les vns font le méme chemin, les autres vont d'vne Eglise en vne autre fort éloignée, en disant leur Chapelet.

La ville de Liege fut delivrée il y a environ douze ans d'vn grand débordement d'eaux, aprés qu'elle eut invoqué Nôtre-Dame de Hal: les habitans pour marque de leur reconnoissance y vont tous les ans en Procession, & portent vne robe de riche étoffe pour couvrir son Image, avec d'autres presens.

Ceux de Namur vont encore tous les ans en ce saint lieu, où ils offrent des presens, comme auſſi les habitans des villes voiſines de Hal, qui portent en Proceſſion l'Image de la Vierge, le jour de la Nativité, au mois de Septembre, l'on y entend quantité d'inſtrumens.

Les E'choliers des Peres Ieſuites de Valenciennes vont tous les ans en Proceſſion à Nôtre-Dame de Bonne-Eſperance, & ſont accompagnés des Arquebuziers de la ville.

La derniere paix étant faite entre la France & l'Eſpagne, les habitans de Tournay aprés s'eſtre preparés par huit jours de prieres publiques dans l'Egliſe de ſaint Nicaiſe, où le ſaint Sacrement étoit expoſé ſur l'Autel, allerent en Proceſſion à Nôtre-Dame de la Treille à l'Ille, rendre graces à Dieu & à sa bien-heureuse Mere, pour avoir receu cette faveur, qu'ils avoient ardamment desirée depuis longues années.

Marchoient en teste des E'choliers des Peres Iesüites avec des Guidons à la main où étoient represétées les sept douleurs principales de la S. Vierge, avec plusieurs paroles de pieté en son honneur. Suivoient d'autres E'choliers magnifiquement habillez en Genies, portant des ronds de palmes sur de longs bâtons d'argent à la façon des anciens Romains, où étoient aussi écrites des paroles pieuses; puis on portoit vn fort gros Cierge, pour estre presenté à Nôtre-Dame de la Treille. Venoient en suite vingt-quatre petites filles en habits de Pelerines, le petit bourdon doré à la main, & le Clergé chantoit les loüanges de Dieu par les chemins.

Cette Procession fut rencontrée prés de la ville de l'Ille, par d'autres jeunes E'-choliers des Peres Iesuites, qui étoient aussi à cheval, & tenoient en leurs mains les Guidons de toutes les Confreries. Aprés s'estre fait compliment, ils déchargerent leurs pistolets, & étant arrivés à la premiere porte, on tira vingt-quatre pieces de Canon, qui étoient braquées sur les ramparts, & les Bourgeois qui faisoient la garde, déchargerent en mesme temps leur mousqueterie.

Les Chantres de l'Eglise
de

de Saint Pierre vinrent au devant jusques à la mesme porte, & entonnerent aussitost le Pseaume, *Lauda Ierusalem* : la Procession étant arrivée à l'entrée du Cimetiere, elle y fut receuë par les Chanoines, le Clergé, & les Officiers de la Confrerie de Nôtre-Dame de la Treille, dont le Secretaire les harangua. Outre le Cierge, ces Pelerins presenterent encore vn Tableau à la Sainte Vierge, où étoient écrits des Vers, qui furent recités. Plusieurs se confesserent & comunierent, & à la fin le Pasteur de Saint Nicaise de Tournay, leur publiquement la Profession de Foy au nom des mesmes Pelerins. Le lendemain ils entendirent la Sainte Messe, & ils s'en retournerent en suite.

Z

DES PELERINAges à la Sainte Vierge & aux Saints.

LES Pelerinages sont authorisés par l'exemple de Nôtre Seigneur, qui à l'âge de 12. ans alla en Ierusalem, & l'on sçait que dés les premiers siecles de l'Eglise ils ont esté en vsage parmy les Chrétiens. Les Peuples des Païs-bas vont souvent en Pelerinage à Nôtre-Dame d'Afflighem, de Louvain, Dognier, Lakem, de la Treille à l'Ille, de Vasier, de Tournay, de Vvilvorde, de Tongres, de Cambray, de la Barriere, de Confolation, de Graces, de Doüay, de bonne Efperance, de Furnes, de Lincelles, de Meffine, de Smeltem, des Wes, de la Fontaine, de bon Secours, du Bois, de Chievre, de Spin-lieu, des Avios, des Ardens, de Bourbourg, de Foy, de Cambron, de Montaigu, & de Hal.

Ils font auffi plufieurs Pelerinages en l'hõneur des Saints, afin de trouver du foulagement dans leurs maladies. Ils vont à Saint Druon à Sebourgues prés de Valenciennes, pour eftre delivrés de la gravelle, à Ste Adele, à Orplegrãd pour les maux d'yeux, à Ste Rollande, à Gerpinnes entre la Sambre & la Meufe,

Z 2

pour la Hernie & la Squinácie, à Saint Fremin au Païs de Limbourg pour les Gouttes, à Saint Folienſe, à Foſſe, pour obtenir de la pluye au temps de la ſechereſſe.

On voit aborder des Pelerins de toute l'Europe à S. Hubert aux Ardennes pour le mal de la rage, & les François, principalement du coſté de la Champagne vont tous les ans en foule à Maſtrich rendre leurs reſpects au Tombeau de Saint Servais leur premier Eveſque. On mene les fols à Saint Lazare à trois lieuës d'Arras, les Eſtropiés à Saint Lienard, éloigné de deux lieuës de Doüay, & il va vne grande affluence de Pelerins au mois de May, à Saint Hilaire à Temploux.

à la S. Vierge, & aux Saints.

La pieté qui les porte à faire ces Saintes actions, ne se renferme pas dans leurs Païs, car ils vont en Pelerinage à Saint Nicolas en Lorraine, à Nôtre-Dame de Lorette, de Mont-Serrat, & autres lieux éloignés, ce qu'ils entreprennent d'autant plus facilement, qu'ils ont des corps tres-robustes.

DES CORPS
Saints.

COMME les Planettes nous envoyent des influences plus favorables, lors qu'ils sont au point de leur Ciel, qui est le plus éloigné de la terre, ainsi les Saints ont des affections plus efficaces pour nostre bien dans le Paradis, où ils sont détachés de toutes les choses de ce monde. C'est cette connoissance qui a porté les peuples des Païs-bas à faire recherche des Corps de plusieurs Saints, dans la croyance que leurs villes seront bien mieux fortifiées par leur protection, quand leurs Corps seront enfermés dans l'enceinte de leurs murs, que par tous les bastions & les forteresses que l'on y void. Quand on les transporte dans les Eglises, les Evesques ou leurs grands Vicaires font la ceremonie, assistés du Clergé, de toutes les Communautés de Religieux, & des Confreries de la ville, avec leurs Croix & Banieres. Les garçons & les filles s'y trouvent aussi avec de fort beaux habits. Aprés le Clergé, marchent les Corps des villes, leurs Officiers, puis les honnestes gens, & vne foule extraordinaire de Peuple termine la Procession, durant laquelle on tire dans les Châteaux & sur les ramparts des coups de canon & de mousquet, entremeslés du bruit des tambours, & des fanfares des trompettes, qui font vn tres-agreable mélange : au retour on chante le *Te Deum* en musique accompagneé de plusieurs Instrumens, & l'on finit la solennité par la benediction du Saint Sacrement.

Il y a à Saint Omer le Corps du Saint du mesme nom, qu'ils portent par la ville en temps de peste ; en l'Abbaye de Saint Amand, celuy de Saint Amand ; à Doüay, celuy de Saint Amé ; à Cambray, de Saint Gery; à Gand, de Saint Bavon. Chez les Peres Iesuites de l'Ille, sont les Corps de Saint Victor & de ses Compagnons; en leur Eglise d'Arras, ceux de Saint Florent, & de son Compagnon; à Valenciennes, de Saint Severin aussi avec son Compagnon; à Mons en Hainaut, celuy de Saint Henry; en leur Maison Professe d'Anvers, de Saint Prosper Martyr Romain, & le Chef de Saint Guillaume Confesseur du Païs de Iulliers, Pere des Hermites du Mont de la Vierge, qui deceda l'an de grace 1142. A S. Omer, les mémes Peres ont les Corps des Saints Dissole & Recesse; à Bruxelles, ceux de Saint Valentien, & de Sainte Helene Martyrs; à

Malines, de Sainte Victoire; à Berghes, de Saint Winoch, & de Sainte Hyeronce Martyre; à Dinan, de Sainte Polychroine Vierge & Martyre, avec son Compagnon ; à Tournay, au Noviciat de ces Peres, ceux de Sainte Deppe Martyre, & de son Compagnon. Il y a encore vn grand nombre de Corps Saints dans les autres Eglises de ces Païs, dont Molan, Gazet & autres Autheurs ont composé des livres.

On allume journellement quantité de chandelles de cire devant leurs tombeaux, on les porte en Procession aux jours de leurs Festes, & on les met au retour dans quelque lieu spacieux de l'Eglise, où le peuple va plusieurs fois à l'entour de leurs Corps, en faisant des prieres ; aprés l'Offertoire de la Messe, de petits garçons recitent des Vers en l'honneur des SS. avec des Cierges à la main, ce qui se pratique aussi par les petites filles le iour des Festes des Saintes. Elles sont accompagnées de leurs Maîtresses d'E'chole, qui tiennent pareillement des Cierges en la main.

DE QVELQVES Reliques.

LES Reliques des SS. sont des asyles dans nos besoins, & elles nous confirment la Religion Chrétienne par des miracles, que Dieu opere souvent en leur faveur. Ils ont à Ypres vn Os de la teste de Saint Martin, qui est enchassé dans vne grande Statuë à demy corps toute d'argent. Cette Relique fut donnée par Louys XIII. de triomphante memoire a l'Infante Isabelle,

Isabelle, & elle passe pour vne des plus cõsiderables, qu'il y ait dans les Païs-bas. A Bruges, il y a vn Os de saint Eloy, avec lequel ils font le Signe de la Croix sur la teste des chevaux que l'on y amene le jour de sa Feste, & l'on tient que s'ils sont travaillés de quelque maladie, ils en sont exempts durant toute l'année.

A l'Ille chez les Peres Iesuites, il y a vne Statuë d'argent à demy corps, qui represente saint Ignace, où sont enfermés quelques vns de ses cheveux, & de ses Ossemens. Prés de Valenciennes, on voit en vn Convent de filles les yeux d'vne Princesse leur Fondatrice, qui sont encore aussi beaux que s'ils étoient vivans. On les baise au travers d'vn verre, dans lequel ils font enchaſſés.

Aux Carmes de Valenciennes, il y a vn bras de Sainte Barbe, & vne Confrerie de Bourgeois, qui demandent particulierement à cette Sainte, qu'elle leur obtienne de Dieu la grace de ne point mourir ſans Confeſſion.

Ils conſervent en l'Abbaye de Vauchelles la Chemiſe de Saint Bernard, qui eſt d'étamine, & à Doüay, deux marteaux, dont ſe ſervoit Saint Eloy à faire les Chaſſes des Saints.

En l'Abbaye des Religieuſes de Saint Benoiſt à Bourbourg, il y a vn Calice, qui leur fut donné par Saint Thomas de Cantorbery : les enfans qui ont vn mal vulgairement appellé la Coqueluche, boivent dedans, pour en estre gueris.

Ie tais vne infinité d'autres Reliques, qu'on garde dans ces Païs avec toute sorte de respect, dont Busselin, Raisse, Gazet, & autres Autheurs ont parlé fort amplement.

A Bergues, quatre Bourgeois revêtus d'Aubes & les pieds nuds, le jour de la Sainte Trinité portent en Procession la Chasse de Saint Winoch, qui est tres-riche. Le Clergé Seculier & Regulier s'y trouve, & presque tous les Habitans. Ils la mettent plusieurs fois dans l'eau sous vne des arches du pont, qui côduit à Dixmude, & on y baigne en suite les enfans qui ont de la gale; quantité de personnes en prennent de l'eau, qui se con-

serve long temps sans se corrõpre, & ils en donnent à boire
aux malades, qui ont la fievre.
Ils tiennent par tradition que
cette devotion a esté instituée,
depuis que S. Winoch rendit
la vie à vn enfant, qui s'étoit
noyé sous l'Arche du Pont,
où ils plongent sa Chasse.

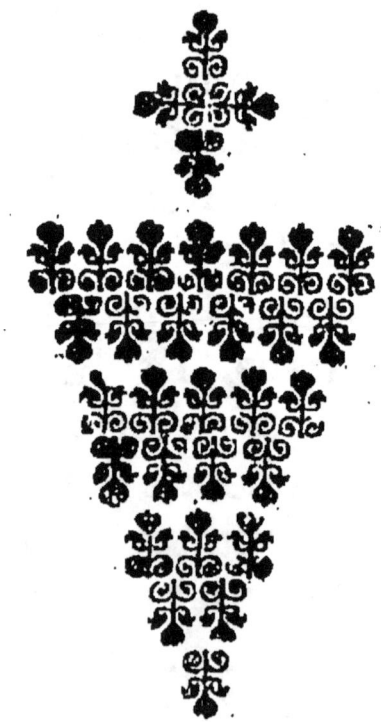

D'VNE IMAGE
de nôtre Seigneur qui est à Gemblours.

S I dans les Republiques bien policées on dreſſoit autrefois des Statuës à ceux, qui avoient rendu quelque ſervice conſiderable à leur patrie; il eſt bien plus à propos de rafraiſchir nos idées par l'image de I. C. nôtre Createur & Redempteur, qui eſt vn livre toûjours ouvert, pour détourner les

Chrétiens du peché, & les animer aux actions vertueuses. En la ville de Gemblours, qui est située au Comté de Namur, & connuë dés le temps des Romains, il y a vne Image de Iesus-Christ, parfaitement bien travaillée, qui le represente flagellé, avec vn manteau de Pourpre sur les espaules, & le Roseau à la main. On la vit jetter des larmes de sang, il y a environ vingt ans, & le bruit de ce Miracle joint à plusieurs autres que Dieu y a operés, s'est tellement répandu dans les Païs voisins, qu'il vient tous les ans vne grande quantité de monde luy rendre ses hommages.

DV SAINT
Cierge d'Arras.

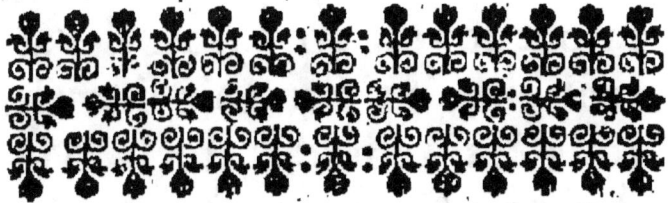L est quelque-fois à propos que Dieu fasse paroître aux pecheurs des marques extraordinaires de sa Iustice, pour les faire rentrer serieusement en eux mesmes, & les retirer de leur aveuglement. C'est ce qui obligea sa Divine Majesté irritée des pechés, que commettoient les Habitans d'Arras en l'an mil cinq, de leur envoyer vn

feu si ardant, qu'il brûloit la partie du corps où il s'attachoit, & rendoit inutiles tous les remedes de la Medecine. Comme les prieres appaisent ordinairement la colere du Ciel, le Peuple de ce Païs y eut recours, mais en vain ; celles de Lambert leur Evesque homme d'vne sainte vie, furent plus agreables à Dieu, car la bienheureuse Vierge luy apparut vn Samedy la nuit, luy donna vn Cierge de cire blanche, & l'advertit qu'on donnast à boire aux malades de l'eau dans laquelle la cire en seroit tombée, & qu'ils seroient gueris, ce qui reüssit parfaitement.

Les Habitans d'Arras pour marque de leur reconnoissance firent élever vne fort belle Pyramide devant la Maison de Ville, où ce mesme Cierge a toûjours esté conservé avec d'autant plus de veneration, que l'eau où sa cire a trempé, guerit encore presentement de la fievre, & autres maladies ceux qui en boivent, & qu'elle a aussi la vertu d'éteindre les embrâsemens. On l'allume pendant le Canon de la Messe durant les 4. premiers iours de l'Octave du S. Sacrement, mais, ô merveille ! il pese encore aprés autant qu'il faisoit, avant que d'estre allumé, en quoy il ressemble en quelque façon aux E'toiles du Firmament, qui éclairent, sans recevoir aucune diminution de leur substance.

Le Chapitre d'Arras, le Corps de la Iustice, & les Ioüeurs d'Instruments de la ville, ont chacun vne clef d'vne des trois differentes serrûres sous lesquelles il est enfermé, si bien qu'on ne le prend point, soit pour le porter en leur Chapelle, où ailleurs, qu'ils ne soiét tous presens, & jamais ils ne le perdent de veuë. Il ne peut pas par consequent y avoir de fraude, qui sans doute auroit esté découverte depuis vn si grand nombre d'années qu'on allume ce Cierge, & il n'est pas croiable que plusieurs & differentes personnes peussent pendant plusieurs siecles concerter vne fourbe sans qu'elle fût reconnuë; outre qu'il ne paroît aucun interest de la part de ceux qui en ont le soin, ny d'autres personnes, d'autant que l'on ne prend ny argent, ny autre chose pour le montrer, ny pour en donner de petites gouttes, où de l'eau, dans laquelle sa cire a trempé.

On fait le Dimanche de la mesme Octave la Procession par la ville, où l'on porte ce saint Cierge sous vn fort beau Pavillon. Les principaux Confreres le suivent avec des baguettes blanches à la main, pour mieux representer l'institution de la ceremonie. Les Lieutenans & les Officiers de la Gouvernance d'Arras s'y trouvent à cheval, ainsi que les jeunes gens de la ville, qui representent S. Michel, S. Georges, & autres Saints. L'on y entend quantité d'Inſtrumens, qui ſonnent harmonieuſement. Viennent au devant auſſi à cheval le Prevoſt, & les autres Officiers de la ville, qui conduïſent la Proceſſion juſqu'au Portail de l'Egliſe Cathedrale de Nôtre-Dame, où les Confreres preſentent deux Cierges aux Chanoines, & étant entrés dans l'Egliſe, ils font hommage à la bien-heureuſe Vierge, avec le ſaint Cierge allumé, qu'ils raportent en ſuite en leur Chapelle, & le remettent ſur le ſoir dans la Pyramide.

A l'Ille, Doüay, Valenciennes, Courtray & autres villes, il y a neuf Cierges, faits de la cire de celuy, dont ie parle, que l'on conſerve avec beaucoup de reſpect.

Des Sepulchres.

DES SEPVLCHRES

LES plus grandes, & les plus relevées conditions n'ayant jamais exempté les hommes de la mort, le temps les enseveliroit tous dans vn perpetuel oubly; si on n'avoit inventé les Sepulchres & leurs Inscriptions, pour les remettre devant nos yeux, & pour les faire vivre dans les siecles à venir. En l'Eglise de Nôtre Dame de Hal, on lit sur vne Tombe, *hic iacet Delphinus Galliæ*. C'étoit le fils de Louys Onziéme, qui se refugia en Flandre, chez les Ducs de Bourgogne, pour éviter la colere de son pere. Prés de la ville de Louvain l'on voit chez les Peres Celestins, les Tombeaux des Ducs de Croüy & d'Arscot: Charles de Croüy y est representé sur vne Tombe de cuivre, avec l'habit de Capucin, & le Colier de la Toison d'Or. En l'Eglise de Nôtre Dame d'Anvers, il y a vn beau Tombeau de Iean Malderus leur Evesque, qui fut fait placer aux dépens du public. On voit dans l'Abbaye de Saint Michel de l'Ordre de Premontré en la mesme ville, le Sepulchre d'Isabelle femme de Charles Duc de Bourgogne, qui est tres-riche. Il s'en voit plusieurs autres tres-rares de marbre blanc dans l'Eglise des Peres Cordeliers du mesme lieu.

En l'Eglise des Peres Iesuites de Gand, il y en a vn de la Comtesse de VVaten, orné de plusieurs sortes de marbre. A S. Pierre de l'Ille, est enterré Baudoüin le debonnaire. Dans l'Eglise de Nôtre Dame de Bruges sont les Sepulchres de quelques Ducs de Bourgogne, faits de cuivre doré. On voit en la mesme ville, le Tombeau de Vivés Espagnol, Autheur celebre: & à Nienove *Ninivé*, celuy de Despautere Prince des Grammairiens modernes avec cet Epitaphe.

Hic iacet vnoculus, visu præ-
[*stantior Argo,*
Nomē Ioānes cui Ninivita fuit.

J'eus la curiosité de demander dans la Cathedrale d'Ypres, le Tombeau de Iansenius, l'on me mena devant le Maistre Autel, où il est enterré, mais il n'y a plus que de la pierre commune sur son corps, d'autant que par l'ordre d'Innocent dixiéme, l'on a osté vne grande & épaisse Tombe de marbre noir, qui y étoit, & effacé à coups de ciseau & de marteau les paroles suivantes.

Cornelius Iansenius hîc situs est, satis dixi, si quis vmquam, Augustinianarum cogitationum fidelissimus Interpres. Lovanij diu admirationi fuerat, sed ad Episcopale fastigium evectus, vt fulgur luxit, & statim extinctus est, &c.

FIN.

RELATION D'VN VOYAGE
FAIT EN FLANDRE,
EN BRABANT, &c.

SECONDE PARTIE
où il est traité de la Iustice.

De la Iustice des Eschevins des Villes.

IL y a ordinairement douze Eschevins en chaque ville, & deux Bourg-mestres, qui ont non seulement soin de la

Police, mais encore de rendre la Iustice tant en Civil qu'en Criminel, & ils peuvent faire mourir ceux qui ont commis des crimes, nonobstant toutes appellations, à la reserve neantmoins des Eschevins de Bruxelles, de qui on appelle au grand Conseil, qui est en la mesme ville, pourveu qu'il ne s'agisse pas de vol ou de meurtre. On ne peut aussi donner la gehenne aux Bourgeois de cette ville, s'ils ne sont accusés par deux tesmoins dignes de foy.

Tous les Eschevins assistent à l'execution de leurs Iugemens, qui se fait ordinairement vis à vis de la Maison de Ville, où ils sont aux fenestres avec leurs Robes de

Eschevins des villes. 295

ceremonie. Ceux de Cambray, ont de grands bâtons blancs à la main, & se tiennent pour lors sur le Balcon de la Maison de ville, où sont les Armes du Roy d'Espagne, sur vn grand tapis.

Neantmoins, bien que la perte d'vn homme mort ne puisse pas estre reparée, veu qu'on ne peut represéter celuy qui n'est plus, il est permis aux parens du condamné & à tous autres, de poursuivre les Iuges, tant pour la reparation d'honneur, que pour les interests que demande la grandeur du tort, & de l'injure, qu'ils pretendent leur avoir esté faite, & mesme pour la dignité des Loix violées. Lors que l'on fait mourir vn Bourgeois de Bruxelles, la grosse Cloche de l'Eglise de Saint Nicolas sonne pendant l'execution.

A l'Ille, Doüay, Ypres, & autres villes, ils ont racheté du Roy d'Espagne, la confiscation de leurs Bourgeois, qui pourront estre condamnés à mort.

Quant aux Iugemens Civils, ils les donnent suivant l'vsage des lieux, qui ont presque tous des coûtumes particulieres, autrement ils suivent le Code de Iustinien, & comme Mastrich appartient à l'Evesque de Liege, & aux Hollandois, qui ont pris sur le Duc de Brabant, ce qui luy pouvoit appartenir en cette ville, les Officiers de ce Prelat ont Iurisdiction sur ceux qui sont nés d'vne mere du Païs du Liege, & les Officiers des Hollandois fur ceux, qui font fortis d'vne mere du Païs de Brabant.

L'on decrette le bien d'vn homme à Anvers dans l'espace de douze ou quinze mois, & quant au payement de ce qui est deu à Cambray au Roy d'Espagne, & des obligations des particuliers les vns vers les autres, l'on sonne vne fois le mois la Cloche de la Maison de Ville durant vne heure, & on met le tapis, dont i'ay parlé, fur le Balcon: ceux qui comparoissent, obtiennent ordinairement quelque temps, pour satisfaire, & les biens des absens font auffitôt vendus, sans esperance de delay.

Nôtre Roy tres-Chrétien

possede à l'Ille vn quartier de la ville, appellé Vendôme, la Couronne de France ayant herité de ce que possedoit és Pays-bas Marie de Luxambourg, femme de François de Bourbon, Comte de Vendôme. Nôtre grand Monarque a des Officiers en ce lieu, qui rendent la Iustice tant en Civil qu'en Criminel ; il est Haut Iusticier de la Ville, & fournit l'épée, les cordes, & autres choses necessaires pour les executions.

DE L'OFFICE
de Bailly.

LE Bailly fait executer les Iugemens des Bourg-meſtres, & des Eſchevins, il porte à la main pour marque de ſa Charge vne Baguette blanche longue de cinq à ſix pieds. Celuy de Gand s'appelle grand Bailly, il a le commandement des Armes, & pourvoit aux Charges des Capitaines de la Ville avec les Eſchevins, il en garde ſeul les

Clefs durant la nuit, il est Chef du Guet, ainsi que de la Police, & il condamne à mort avec les Eschevins. Outre la Iurisdiction qu'il a dans Gand, il l'a encore sur quarante-cinq Villages voisins. Il est suivy par la ville de huit Halebardiers, qui portent des Casaques de ses Couleurs: son Soûbailly, à qui il donne la Charge, en a aussi quatre, qui s'assemblent tous dans les actions publiques, & les accompagnent.

Du Chastelain de l'Ille.

DV CHASTÉ-
lain de l'Ille.

LE Chastelain de l'Ille mene à la guerre ceux, qui sont dans l'étenduë de sa Chastellenie, qui comprend cent trente Villages, situés à Caremban, Penelle, Menantois, Ferin, & VVespes, sans parler de sept autres, qui sont au delà de la Riviere de l'Escaut. Il les protege, maintient leurs Privileges, & leur fait rendre Iustice; il assiste aussi les Eschevins de gens armés, quand ils en ont besoin, & fournit de prisons, pour y mettre les criminels.

Lors-qu'il fait sa premiere entrée à l'Ille, les Eschevins sont tenus de le recevoir, avec toute sorte d'honneur, & les Bourgeois de se mettre sous les armes, & de border les ruës. Estant arrivé en la grande Sale, où l'on rend la Iustice, il preste le Serment és mains du grand Bailly, & il énonce tout ce qu'il est obligé de faire en faveur des Habitans. Le Corps de Ville luy preste aussi le Serment, & il l'asseure de ne pas manquer à l'obeïssance qu'il luy doit.

DV PRESIDIAL
de Gand.

IL y a au Presidial de Gand vn President, quatorze Conseillers, vn Procureur, & vn Advocat du Roy; le dernier à la plume, & le Procureur du Roy travaille particulierement à la poursuite des crimes: ils prennent tous deux leur seance dans la Compagnie, selon l'ordre de leur reception, & ils donnent leur voix pour les affaires qui s'y traittent, s'ils n'ont conclu formellement, où s'ils n'ont part aux affaires, comme aux amendes. Quand vne place est vacante par la mort de quelque Conseiller, ceux qui la pretendent, presentent Requeste au Conseil d'Estat, qui est à Bruxelles, puis il la renvoye à ce Corps, qui luy dit son avis. Le Roy donne en suite gratuitement la Charge, dont est question, à qui il luy plaist. On appelle de ce Presidial au grand Conseil de Malines, leurs Sentences neantmoins sont executoires par provision, si ce qui est jugé, n'excede pas la somme de cinq cents livres; leurs Charges valent par an chacune environ 3000. livres de nôtre monnoye.

Comme il est necessaire, que

les crimes soient promptement punis, s'ils sont dignes de mort; on n'appelle point de leurs Sentences, & si on le fait, ils n'y ont aucun égard : sauf toutefois aux parents ou autres à se pourvoir aprés l'execution pour la reparation, & les interests. Il y a en ce Siege vn grand nombre d'Advocats, & encore vn plus grand de Procureurs, parce qu'ils n'achetent point leurs Charges.

Cc 3

DE LA CHAM-
bre des Comptes
de l'Ille.

LA Chambre des Comptes de l'Ille fut instituée par Philippes le Hardy, à l'exemple de celle de Paris, sur la quelle ils se reglent. Elle a pour Officiers vn President, quinze Maistres des Comptes, & onze Auditeurs. Les Charges se donnoient autre-fois, mais cela ne s'est pas toûjours pratiqué durant la derniere guerre; ils sont exempts de toutes Tailles, Gabelles &

Impositions tant ordinaires, qu'extraordinaires, & sont comptés sur l'Estat de la Maison du Roy, comme ses Domestiques. Quoy qu'ils n'ayent pas directement vne Iurisdiction criminelle, ils l'ont neantmoins incidemment, cōme lors qu'en l'execution de leurs Iugemens, quelques vns maltraittent leurs Huissiers. Leur Iurisdiction s'étend sur le Hainault, la Comté de Namur, la ville de l'Ille, Doüay, Orlies, Cambray, Cambresis & l'Artois, avant qu'il fût reüny à la Couronne de France.

Quand on veut intenter vn procez à quelqu'vn de leur Compagnie, on luy donne assignation par devant le Iuge des lieux; s'il demande son renvoy au Conseil

Privé du Roy à Bruxelles, il le luy accorde selon son droit de Committimus. Prés de leur Chambre, il y a vne Tour fort épaisse faite de brique, avec des Fenestres & des portes de fer, ils y gardent les plus importantes Lettres des Princes & Comtes de Flandre, touchant les Mariages, les Traités de Paix & leurs autres affaires de consequence : le President en garde vne clef, le premier Maistre des Comptes, & le premier Greffier chacun vne autre toutes differentes ; de sorte qu'ils ne peuvent y entrer sans vn mutuel consentement.

Il y a aussi vne Chambre des Comptes à Bruxelles, & vne à Namur.

DES IVGES DE
Bruxelles.

L y a à Bruxelles vn Conseil d'Estat, & vn Conseil Privé, vn de Finances, vn de Guerre, vn d'Admirauté & vn de Brabant. Ils ont de grands Privileges, particulierement ceux du Conseil Privé, qui sont exempts de tous les Tributs que payent les Habitans de la ville, ainsi que leurs Veuves, jusques à ce qu'elles se remarient, & leurs Enfans

sont censés estre nés dans toutes les Terres du Roy d'Espagne, si bien qu'ils peuvent posseder les Charges des villes, nonobstant tous Statuts contraires, qui pourroient avoir esté faits, & qui accorderoient seulement les emplois des villes, à ceux qui en seroient Originaires.

DV GRAND CON-
seil de Malines.

LA Iustice est l'ame des Royaumes, c'est cette vertu qui maintient les Citoiens dans la Paix, c'est elle qui empesche vn nombre infini de desordres, & comme les Lions, les Aigles, & les gros poissons de la mer vivent de proye, les hômes les plus forts en vivroient aussi à l'égard des plus foibles, s'ils ne craignoient pas les peines de la Iustice.

On la rend avec beaucoup d'exactitude au grand Conseil de Malines, qui leur tient lieu de Parlement, ainsi qu'il étoit appellé, quand la Flandre appartenoit aux Ducs de Bourgogne. Il est composé d'vn President, & de seize Conseillers, dont il y en a d'Ecclesiastiques, d'vn Procureur, & d'vn Advocat du Roy, de 2. Greffiers, & de six Secretaires, qui font les expeditions. Les mesmes Conseillers portent aussi la qualité de Maistres des Requestes, ils en font la fonction, & joüissent des mesmes droits que les Maistres des Requestes du Conseil-privé de Bruxelles, lesquels sont pris de leur Corps. S'il meurt quelqu'vn des Iuges du grand Conseil de Malines, la Compagnie

gnie nomme au Roy d'Espagne, trois licentiés aux Loix, & sa Majesté en choisit vn, à qui Elle donne gratuitement la place vacante, puis il preste le Serment entre les mains du President, qui le fait aussi jurer, s'il n'a rien payé directement ou indirectement pour l'obtenir. Il n'en va pas de mesme de la Charge de President, car quand elle vacque, le Roy la dõne de son pur choix à qui il luy plaist, sans qu'on luy presente personne, Leur Iurisdiction s'estend sur les Princes du Sang, sur les Ambassadeurs, les Chevaliers de la Toison d'Or, les Officiers de la Maison du Roy, & sur toutes les personnes, qui suivent la Cour ; de plus sur les Chefs d'Office, cõme sur les Presidẽts,

D d

sur le Conseil de Flandre, de Namur & autres, sur les Conseillers & President de Brabant, & le Chancelier mesme. Philippes IIII. Roy d'Espagne, souhaitant avec passion qu'ils fissent bonne Iustice, leur cōmanda par des Patentes expresses, de n'avoir aucū égard aux Lettres où il pourroit leur recommander quelqu'vn, quoy que par plusieurs fois reiterées. On plaide devant eux en François, & si les parties se veulent pourvoir aprés le Iugement, elles peuvent demander la revision du Procés en choses civiles seulement. Alors on fait venir des autres Conseils Souverains, des Conseillers, qui jugent de nouveau la chose contestée, avec deux autres de ceux qui ont affisté au Iugement, fans prejudice neantmoins de l'execution de l'Arreft. Sa Majefté donne pour gages à chaque Confeiller 1200 florins par an, & les Rapports peuvent valoir à chacun 2500. livres de noftre monnoye.

Comme les Priviléges font deus aux perfonnes, qui maintiennent la paix entre les peuples, & aufquels les miferables recourent, ainfi qu'aux Autels, ces Meffieurs en ont de tres-beaux, car ils acquierent leur Nobleffe entrant en leurs Charges, tant pour eux, que pour leur pofterité, à l'exemple des Romains, qui annobliffoient leurs Magiftrats. Cette qualité fut cependant conteftée à vn Confeiller de leur Compagnie, appellé M.

de Monteloy, à qui on voulut faire payer le droit de nouvel acquest, pour vn Fief qu'il avoit achepté sous le ressort de Peronne, mais le Parlement de Paris sous le Regne du Roy François premier, le declara exempt à cause de sa Charge, qui le faisoit Noble.

Leurs enfans quoique nés ailleurs sont originaires des lieux où ils habitent, & de toutes les terres du Roy d'Espagne, ce qui est souvent necessaire, pour pouvoir estre admis aux Charges de ces villes.

Ils peuvent de plus nommer aux Estats de la Province des Conseillers, tant Laïques, qu'Ecclesiastiques, des Advocats, & des Procureurs du Roy, ainsi que des Greffiers. Ils sont exempts de toutes Gabelles, Aides, & Subsides deus tant en la Province, où ils sont, que dans tous les autres Païs appartenans au Roy d'Espagne, & des Charges réelles, & Imposts sur leurs biens situés dans le terroir,& Province de Malines.

Ils joüissent du droit de Committimus pour les choses tant personnelles que réelles, & ils ne sont point obligés de répondre, en demandant ou en deffendant, que devant leur Tribunal ; ils sont aussi exempts du droit d'Issuë, que les estrangers doivent, soit à cause de succession, ou qu'ils quittét vne ville, pour aller demeurer en l'autre, ou à cause de mariage, la coûtume estant en quelques vns de ces Païs de faire payer à celuy qui se marie à vne fille d'vn autre lieu, que de celuy où il fait sa demeure, le vingt ou trentiéme denier du mariage qu'il emporte, plus ou moins, selon l'vsage de la contrée.

Quand ils acheptent vn heritage sous le ressort de Malines, ils ne doivent à la ville aucuns des droits que payent les autres personnes, & Sa Majesté leur fait donner autant de Sel qu'ils en peuuent avoir de besoin, pour l'entretien de leur maison, ils ne payent aussi rien pour le Sçeau qu'on appose aux Arrests où ils ont interest, ny pour le Greffe.

Il y a encore vn Conseil Souuerain à Luxembourg, vn à

Gueldres, & vn à Mons en Haynaut, mais l'on peut appeller de celuy-cy, si les affaires n'ont esté jugées en la presence du grand Bailly, lequel arrivant à Valenciennes & autres villes dépendantes de son ressort, lors que les criminels sont sur l'echaffaut, prests à faire mourir, leur donne quelque-fois la liberté.

Monsieur d'Errembault Conseiller de cette celebre Compagnie, & l'vn des plus éclairés m'a fait l'honneur de m'informer de toutes les choses cy dessus.

RELATION D'VN VOYAGE FAIT EN FLANDRE, EN BRABANT, &c.

TROISIESME PARTIE, où il est traité de la Police,

Des Estats de la Flandre.

QVAND le Roy d'Espagne veut faire tenir les Estats, le Gouverneur du Païs en donne advis aux villes, & nomme le lieu, où l'on s'assemblera : ceux qui ne s'y trouvent pas, payent vne amende à la volonté de sa Majesté.

Ces Estats sont composés d'Ecclesiastiques, de Gentils-hommes, & des Députés du tiers Estat, le mesme Gouverneur y assiste aussi. Celuy qui preside à l'Assemblée, l'ouvre par vne harangue, qui est conforme à l'occasion & aux affaires presentes, & asseure la Compagnie des bonnes intentions de sa Majesté. A la fin les Estats conferent sur ce qui a esté dit, & prennent vn temps, pour y répondre par écrit. Il n'y a que cinq voix, la premiere des Ecclesiastiques, la seconde, de la ville de Gand, la troisiesme de Bruges, la quatriesme d'Ypres, & la cinquiesme du Franc, qui est vn plat Païs sans villes, & qui joüit neantmoins des avantages d'vn des Mēbres de la Flandre. Quand les offres des villes ne sont pas suffisantes, pour subvenir aux besoins du Roy d'Espagne, le Gouverneur tâche à les obliger de fournir davantage, car ils sont en possession de ne donner au Roy que ce qu'ils jugent à propos, & si vne seule ville ne consentoit pas à ce que demande sa Majesté, les advis de ceux qui auroient opiné pour Elle, seroient nuls, mais ils en vsent comme de bons sujets, & ils contentent leur Prince, autant qu'ils peuvent. Afin de s'entretenir en bonne intelligence avec luy, chaque Province à toûjours en la Cour d'Espagne trois Agens, pour conserver ses interests, qui sont des personnes choisies avec beaucoup de deliberation : ils les rappellent aprés trois ans de service, & en mettent d'autres en leur place, ou bien ils les continuent, s'ils le jugent à propos, ce qui semble la cause que durant la guerre ils ne payent point davantage d'Impost, qu'en vn autre temps.

Les Abbés fournissent des sommes notables au Roy d'Espagne, & ils luy en pourroient bailler de plus grandes, cessant qu'ils sont obligés en beaucoup de lieux de faire bien de la dépence, pour recevoir les Gentilshommes du Païs, qui les visitent assés souvent, & vn Religieux de la Maison a ordre de les entretenir.

NOMS DES principalles Maisons de la Flandre.

HEVTERVS a donné les tables Genealogiques des principales Maisons des Païs-bas à la fin de son Histoire. Il fait descendre la Maison d'Egmont des Roys de Frise, & celle de Croüy des Roys de Hongrie.

Les Maisons dénommées cy-aprés, sont aussi fort celebres à sçavoir, celles de Montmorency,

morency, de Horne, de Nassau, de Berghes, de Brederode, de Lalaing, de Renty, de Launoy, de Boussu, de Gand-villain, d'Isenghien, de Barlemont, de Bourgogne, de Noyelles, de Mansfeld, de Haleuvin, de Bournonville, de Tassis, de Melun, de Mequen, de Merodes, de Renesse, de la Marche, de Gaure, de Fresin, & de Spinola, dont ie parle, sans avoir égard au rang qui leur peut appartenir.

Ee

DES HERAVTS d'Armes.

L'Office de Heraut est fort ancien en ces Païs, autre-fois ils denonçoient la Guerre, publioient les Festes, les Ieux, les Mariages, les Batailles, les entreveües & autres actions remarquables des Princes. Ils avoient de plus, la charge de connoître de la Noblesse, de leurs Armoiries, & de Blazonner les Escus de ceux que les Roys & les Princes annoblissoient.

Les Herauts de la Flandre connoiſſent encore maintenant de la Nobleſſe, & de leurs Armoiries, & vont de temps en temps par les Provinces, s'informer ſi perſonne n'vſurpe la qualité de Noble, change, ou adjoûte quelque choſe à ſes meſmes Armoiries, & ils y donnent ordre en ce cas. Ils tiennent auſſi vn Regiſtre, où eſt écrit le jour que naiſſent les enfans des Gentils-hommes, & l'on adjoûte foy à leurs Atteſtations, quand il s'agit de ſucceſſions collaterales ou autres differents.

DES AVTHEVRS
de Livres spirituels.

SANS m'arrester à parler des Abbés Rupert, Franco, Guerric, & Philippes de Bonne-Esperance, qui vivoient du temps de saint Bernard, & qui ont traité de choses spirituelles, je me contenteray de faire icy mention de Gerard le grand, & de Thomas à Kempis son disciple, de Iean Ruysbrouck, Harph, Mauburne & Lansperge, qui bien qu'Allemand de nation a demeuré en vne Chartreuse des Pays-bas. Blosius Abbé de Lieſſies, qui a introduit la Reforme dans cette Abbaye, eſt auſſi tres-fameux, ainſi que Clyctovée, qui a eſté Chanoine de Chartres, & qui a vécu en reputation de ſainteté. Denys le Chartreux & François Titelman, ſont encore en vne grande eſtime parmy ceux, qui font profeſſion de la vie ſpirituelle, & ils ont tous eſté d'autant plus vtiles à l'Egliſe Romaine, qu'ils ont écrit en vn temps, où l'ignorance & l'inſenſibilité des choſes de Dieu étoient tres-grandes.

NOMS DE QUEL-
ques grands personnages des Pays-bas, qui sont decedés, & qui ont excellé dans les sçiences, depuis cinquante ou soixante ans.

Onsieur Coespean Evesque de Lysieux, Iuste Lipse, Puteanus, Erasme de Roterdam, Guevart, & Antoine Del-Rio.

Lævinus Torrentius Evesque d'Anvers, a esté estimé l'Horace de son Siecle, pour la Poesïe Lyrique & Elegiaque. Il n'est rien de plus doux ny de plus charmant que les vers de Sidronius Iesuite.

Daniel Herusius, Antoine Deslions, Pennequin, & plusieurs autres ont aussi excellé dans les vers Elegiaques.

Quant à l'histoire, Philippes de Commines Flamand a écrit de celle de France. Monstrelet, Froissard, du Moulinet, Gauguin, & Olivier de la Marche, qui ōt traité des guerres de France, d'Angleterre, & de celles des Ducs de Bourgogne, étoient aussi Flamands, à la reserve d'Olivier de la Marché, mais il avoit esté élevé au service des mesmes Ducs, sans parler de Sigibert Moine de Gemblours, & de son Continuateur, ny de Philippes Mousques, Evesque de Tournay, qui a le premier mis en vers françois, l'histoire de la Conqueste de Constantinople par Baudoüin de Haynaut.

Pour la Theologie Scolastique, Lessius, Præpositus, Malderus, Sylvius, Conink, Wigers, sont conneus par leurs écrits.

Pour la Morale, Marchantius, Bassæus.

Pour l'interpretation des E'critures saintes, Lucas Brugensis, Iansenius Evesque de Gand, Cornelius à lapide, Bonfrerius, Estius, Tyrinus, & quantité d'autres.

Pour la Controverse Becan, & Canisius.

Pour la Philosophie, Caramuel, Religieux de Dune, Fromondus, du Trieux, & Titelman.

Noms des grands personnages 333

Pour la Geographie, Ortelius, Keerus, Mercator, pour les Mathematiques; à sancto Vincentio, Tacquet, Malapert: pour l'Optique, Aquilonius, Adrianus Romanus.

Pour la Chronologie, Bucherius, Deckerius, Vendelinus.

Pour la Medecine Vesalius, Fienus.

Pour le Droit Wamesius, Zypeus, Tulderus, Revardus.

Pour les Antiquités, Henry, Canisius, Andreas Delcottus, Rosweydus, Bollandus Iesuite, qui a commencé vn ouvrage des vies des Saints, qui contiendra 40. volumes in-folio, & que ses Confreres continuēt.

Pour les Langues, Clenardus, & Raphelengius.

DE L'VNIVERSIté de Doüay.

LA Ville de Doüay est fort ancienne, comme il le paroist par les Commentaires de Iules Cesar, lors qu'il traite de la guerre des Gaulois. Son Vniversité a esté fondée par Philippes II. Roy d'Espagne, il y a plus de cent ans, & i'appris qu'ils se disposoient à en celebrer la Centiesme année. La Charge de Recteur dure six mois, il porte tous les iours vn Capuchon d'écarlate bordé d'Hermine, & vn violet, s'il est de la Faculté de Theologie. Quand il va par la ville, il est toûjours precedé d'vn Bedeau en habit long, qui porte vne grosse Masse d'argent, & suivy de son propre valet. Vn homme marié peut posseder cette dignité, ainsi que faisoit le Sieur le Maire Docteur aux Droits, quand ie passay à Doüay, mais les bigames en sont exclus.

Il juge en crime les Officiers, les Supposts & les E'choliers de l'Vniversité, ainsi que ceux des Peres Iesuites, qui y sont incorporés, & qui joüissent aussi des Priviléges. Neantmoins vn peu auparavant que i'arrivasse dans le Païs, le Magiſtrat de Doüay voulut conteſter à ce Prince des Lettres, le droit de proceder en crime contre ſes Officiers, mais il fût maintenu en la poſſeſſion par Arreſt du Conſeil privé de Bruxelles. Il condamne à des amendes & au foüet les E'coliers, & s'ils ont commis des crimes dignes de mort, il les fait mettre ainſi que ſes Officiers en la Priſon de l'Eveſque du lieu, qui les livre és mains du Iuge ſeculier, lequel les châtie ſelon qu'il le juge à propos.

Ceux qui veulent eſtre incorporés, ſe preſentent au Recteur dans vne grande Sale, où l'vn d'eux lit la Profeſſion de Foy, à la fin ils diſent, *Iuro*, & l'on ne joüit point des Privileges, qu'aprés avoir fait

fait cet acte de Religion. L'Vniversité mesme fait aussi la Profession de Foy le second iour de l'année dans l'Eglise des Iacobins de Doüay, lieu ordinaire de leurs Assemblées pour les choses pieuses, vn Bedeau pronōce les paroles à haute voix, puis le Recteur, & les Professeurs mettent la main sur le Crucifix, qui est leur façon de jurer.

Il n'y a point de conservateur de Priviléges, devant qui les E'choliers plaident, ainsi qu'en d'autres Vniversités, mais ils ont pour Iuge le Magistrat de Doüay.

On y enseigne les Langues Grecque, Latine, & Hebraïque, les Mathematiques, la Philosophie, la Medecine, les Loix, & la Theologie dans

F f

de belles Sales, & particulierement celles des Droits & de la Theologie : en cette derniere, vn Docteur fait aux Festes & Dimanches vn discours spirituel aux E'choliers. Il y a vn Censeur qui approuve les livres, quand ils sont imprimés à Doüay, & qui examine tous ceux qui viennent de dehors.

Quant aux Chaires vacantes, le Magistrat & l'Vniversité y pourvoient. Outre les E'choles publiques, il y a le College Royal, ceux d'Anchin, de Marchennes, des Abbayes de Saint Vaast, & de Saint Amand, avec les Seminaires du Roy, des Evesques, de Moullart, de Hennin, de la Motte, de Marie, des Anglois, des Hibernois,

& des Escossois, dont plusieurs sont fort biē bâtis & tres vastes.

Lors que quelqu'vn reçoit le degré de Licence en Theologie, où aux Droits, le Chancelier de l'Vniversité luy donne la benediction publiquement, puis étant precedé de quantité de Ioüeurs d'Instrumens, & accompagné de ses amis, il va en l'Eglise de saint Iacques, baiser vne Croix qui est sur l'Autel, & aprés avoir remercié Dieu de la grace qu'il luy a faite, il s'en retourne en sa maison avec la mesme Compagnie, qu'il regale en suite.

Les Peres Iesuites font payer aux E'choliérs qui étudient chez eux en Philosophie, trois sols, pour le matin, quand ils sont absens, quatre pour l'aprés midi, & ils les font distribuer aux pauvres E'choliers. Le Promoteur du Recteur, qui est vn homme d'épée, a soin de les faire payer, ainsi que de mettre en la prison de ce Prince des Lettres, les E'choliers qui portent des armes, qui vont par la ville aprés neuf heures de soir, où qui commettent quelques desordres.

L'Vniversité ne peut recevoir les E'choliers qui sortent du College des Peres Iesuites, ny les mesmes Peres les leurs, ce qui retient beaucoup la jeunesse dans le respect & dans le devoir. On écrit au commencement des leçons, le nom des E'choliers sur des Registres, aprés cela ils sont tenus d'achever l'année où ils l'ont commencée, & s'ils ont commencé vn cours, ils sont tenus de le finir au mesme lieu. Les Ducs de Bourgogne ont establi à Doüay & en plusieurs autres villes, des Compagnies de Rhetoriciens, appellés les Clercs Parisiens, qui s'assemblent tous les ans pour composer des Poëmes, ou des pieces d'Eloquence en l'honneur de Nôtre-Dame, ou de quelque Saint, ce qui se fait en la mesme ville avec éclat le iour de l'Assomption de la Vierge; celuy qui à le mieux reüssy, remporte vn Prix considerable, & on imprime sa piece, qu'on envoye dans les villes du Païs par les Messagers de l'Vniversité, dont elle a plusieurs, qui portent ses Armes sur leurs pourpoints.

Outre le Collége de Doüay, les Peres Iesuites en ont quantité d'autres en ces Païs, tant en la Province appellée Gallo-Belgique, que Flandro-Belgique, & premierement.

A Anvers.
Oudenard.
Belle.
Bruges.
Cassel.
Courtray.
Gand.
Ypres.
Louvain.
Ruremonde.
Bergues de Saint VVinox.
Saint Omer.
Tournay.
Liege.
L'Ille.

Mons.
Valenciennes.
Arras.
Cambray.
Luxembourg.
Namur.
Dinant.
Hesdin.
Aire.
Maubeuges.
Bethunes.
Nivelles.
Hal.
Dunkerque.
Aloſt, & Ath.

Quatre ou ſix Peres de chaque College, ont ordre de leurs Superieurs de ſe tenir preſts la nuit, pour aller aſſiſter les malades qui les demanderont.

Les peres Ieſuites Anglois ont auſſi vn College à S. Omer.

DE L'VNIVERSIté de Louvain.

A ville de Louvain est fort celebre, son Air bien teperé, & ses murailles fortifiées de 130. Tours, qui enferment des prés, des vignes, des jardins & de petits bois, où les E'choliers vont à la promenade, si bien qu'vne Academie de gens de Lettres ne peut pas estre mieux placée. Ce fut sans doute ce qui obligea Iean quatriesme Duc de Brabant, de la fonder en l'an 1416. à

l'exemple d'Alexandre le grand, qui aprés avoir conquis presque toute la terre, ne trouva point de meilleur moyen, pour rendre ses Estats florissants, que d'en faire choisir trente mille jeunes hommes qu'il fit étudier aux Lettres humaines. *Olaus mag. l. 4. ver. septentr.*

La Charge de Recteur dure maintenant six mois, il n'est point marié, neantmoins s'il s'en presente occasion, on le luy permet, & il ne laisse pas de joüir de sa Charge comme il fut pratiqué pour le sieur l'Apôtre. Il porte en tous lieux pour marque de sa dignité, vn Capuchon d'écarlate bordé de fourreure, & de couleur violette, s'il est de la Faculté de Theologie.

Il est precedé par la ville d'vn Officier en robe longue, qui porte vne belle & grosse Masse d'argent, & suivy de deux hommes vestus de verd brun, qui sont attachés à sa Charge. Vingt-six autres Officiers avec des robes, qui viennent jusques à la moitié des jabes, le precedent aux actions solemnelles; dont huit portent de grandes & grosses Masses d'argent : deplus le Corps de l'Vniversité l'accompagne. Il ne va point haranguer que des Princes ou des Princesses de la Maison d'Espagne, ou de ses alliés; quand des personnes de qualité viennent à Louvain, il envoye les saluër.

Il juge les E'choliers en Civil & en Criminel, ainsi que tous ceux qui sont incorporés en l'Vniversité, & entr'autres tous les Libraires & les Imprimeurs de la ville, leurs veuves, leurs serviteurs & leurs servantes. Les Papes ont permis à ce Prince des Lettres d'excommunier les rebelles à ses volontés, c'est pourquoy il est tenu d'avoir les Ordres Mineures. Si ses Officiers n'assistent pas aux Assemblées Generales, il les met en amende, & tous les ans ils lisent vn E'crit dans vne de ces Assemblées, par lequel ils luy remettent leurs Charges, & il a le pouvoir de les casser, ce qui les retient beaucoup en leur devoir.

Sa Iurisdiction s'étend sur les E'choliers, non seulement quand ils sont à Louvain, mais encore quand ils vont à

Bruxelles, Anvers, & autres villes de ces Païs, & s'ils y commettent quelques desordres, les Iuges des lieux les renvoyent au mesme Recteur, ainsi que ceux qui mal-traitent ses Messagers, & autres Officiers: son Promoteur, & ses Archers les vont querir, & ils les amenent en la prison de l'Vniversité, où il les detient autant de temps qu'il le juge à propos, & selon le crime il les fait foüetter, les condamne à l'amende, à des interests vers les parties, & à marcher nuds en chemise, la torche à la main, à la teste de ses Processions, dont il fait plusieurs durant le cours de l'année. Si le crime est si énorme qu'il ne merite point de grace, il les met és mains

mains du Iuge Seculier, pour en faire le châtiment. Quand ils ont des procés avec des personnes, qui ne sont point éloignées de Louvain plus de trois journées, ils les font venir plaider devant vn des principaux Membres de l'Vniversité, qui les vuide dans peu de jours.

Au commencement de l'année, on écrit les noms des E'choliers sur le Regiftre du Recteur, autrement ils ne joüissent point des privileges de l'Vniversité, & vn hôte n'é peut retenir aucun plus de trois jours en sa maison, s'il n'a la connoissance qu'il est écrit sur le Regiftre du mesme Recteur. Pour oster aux E'choliers les moyens de se débaucher, les Libraires ne peuvent achepter

G g

leurs livres fans la permission du Recteur.

Il y a quarante-six Colleges. I'ay veu travailler au dernier appellé de la Trinité, qui a esté bâty aux dépens de l'Vniverſité, & par la liberalité de quelques Eveſques. Elle met dans vn coffre quelque argent de chaque degré, pour ſubvenir à leurs affaires, & ils l'emploient quelquefois pour le bien public, comme il s'eſt pratiqué en cette occaſion. Ces Colleges ſont habités par des E'choliers, & par plus de cinq cens Bourſiers, qui étudient, & ſont nourris du revenu, qui eſt de quinze mille livres de rente en quelques vns, & de vingt mille en d'autres. Il y en a vn, qui a eſté fondé pour les Hybernois, par la Congregation de la Foy de Rome, qui est gouvernée par des Cardinaux, & vn autre pour les pauvres garçons seulement, fondé par M. Iean Standonck, Docteur en Theologie, qui en a fait bâtir à Valenciennes, & ailleurs, plusieurs autres. L'on ne mange point de viande en ce dernier, mais du poisson, & l'on examine serieusement ceux qui pretendent y entrer, ausquels on ne donne point l'habit de Boursier, qu'aprés les avoir éprouvés l'espace de trois mois, & si étant receus ils ne font pas leur devoir, le President qui est le nom qu'ils donnent aux Principaux des Colleges, les renvoye en leurs maisons. Le saint Siege a donné de grands privileges à cette Maison, & mesme la permission de recevoir les saints Ordres de tel Evesque qu'ils voudront, bien qu'ils n'ayent aucun Benefice, ou aucun Titre, ny mesme de Dimissoire, & le President de ce College peut excommunier ceux qui luy sont rebelles, où qui s'en vont sans son cõsentemẽt: que s'il les trouve capables de confesser, il leur en peut donner la permission, ainsi que d'absoudre des cas reservés à l'Evesque. Il y a outre des Proviseurs en chaque College, & des Visiteurs, qui vont tous les ans voir l'état où sont toutes choses, y apportent les remedes necessaires, & châtient ceux qui ne font pas leur devoir. De plus l'Vniversité nomme tous les ans quelques vns des cinq Facultés, dont elle est composée, qui donnent ordre, à ce que les fondations soient ponctuellement executées, & devant qui les Presidents de tous les Colleges, & les Receveurs, rendent compte du revenu, puis ils donnent advis à l'Vniversité de tout ce qui s'est fait. Ces Boursiers vont par la ville vêtus de robes longues, dont le colet couvre le derriere de la teste, sur laquelle ils portent de bōnets à cornes, à la reserve de ceux du College de Medecine, qui vont aussi avec des robes, mais le chapeau à la teste, & si quelqu'vn manque à porter sa robe, il est permis de crier après luy *Barbara, Barbara*. Les Professeurs vont pareillement aux Eglises, & autres lieux, avec leur robe de Docteur, & leur bōnet à cornes en teste.

On y enseigne les langues Latine, Grecque, & Hebraïque, les Mathematiques, l'Histoire, & la Geographie. Il y a seize Professeurs en Philosophie, qui donnent les degrés de Bachelier, de Licentié, & de Docteur aux Arts, avec des rangs au degré de Licence, selon la capacité de ceux qui se presentent. On nomme publiquement celuy qui est le premier de sa Licence, & on sonne la cloche de son College durant trois jours.

La Salle qu'ils appellent des Arts, & en laquelle ils en conferent les degrés, est fort grande, & ornée de plusieurs beaux Tableaux, qui representent le Pape Adrien VI. lequel a professé en cette Vniversité, dont il a esté Recteur, & y a fondé vn College. De plus on y voit dépeints des Roys d'Espagne, Bien-faicteurs de cette Academie, appellée avec sujet l'Escole commune de l'Europe, car l'on y vient étudier de Païs éloignés de trois & quatre cens lieuës, & elle a l'honneur d'avoir eu pour Auditeur Charles-Quint, Philippes Prince d'Orange, & vn tres-grand nombre de jeunes gens, d'eminentes conditions, & de toutes sortes de nations, dont il y en a quatre en cette Vniversité, à sçavoir, de Flandre, de Brabant, de France, & de Hollande. Les autres sont comprises sous celle de Brabant.

Ie passay à Louvain l'an mil six cens soixante & vn, où M. Zinnich étoit Recteur, qui est tres conneu des sçavants par les écrits, qu'il a laissés au public, & y étudioient alors Iean Casimir Sapiche, Comte de Coüest, & ses deux freres, fils du Palatin & Eschanson de Lithuanie, qui avoient pour Gouverneur le Suffragant de l'Evesché de Vilne, Iean Christien, Comte d'Aldesberg, Prince de la Stirie, & son frere, Georges Adam François, Comte de Gustain, & de Rossemberg en Allemagne, Taso Comte des Rivieres Flamand, avec son frere, Thomas Vestaun Anglois, fils du Comte de Porteland, & autres, dont plusieurs avoient des carrosses bien suivis.

Il y a quatre Professeurs ordinaires en Medecine, & deux extraordinaires, qui enseignent l'espace de six semaines, durant les chaleurs de l'été, où les autres Docteurs se reposent. Le Theatre Anatomique fut bâti en l'an mil six cens soixante, en forme ronde, dans l'enclos de leurs E'choles, avec des balustres à jour. On voit au milieu vne planche large d'vn pied, sur laquelle ils font la dissection des corps executés, dont leur Faculté se saisit aprés qu'ils sont morts, selon son privilege.

Vn des Docteurs de cette mesme Faculté appellé M. Gutschouven, a esté choisi pour estre le depositaire du rare secret du Sieur Bils Hollandois, à qui les Estats de Brabant ont donné vingt-mille Florins, & deux mille sa vie durante, avec promesse de continuer la mesme pension à son fils, pour avoir trouvé le moyen d'embaumer si bien les corps des hommes, qu'il en tient les visages presque au mesme estat qu'ils étoient, quand ils moururent : la peau en est tenduë, la couleur presque égale, & on y voit encore les yeux, le poil, & le cerveau, si bien que les personnes de condition qui veulent conserver leurs Parens ou amis, le peuvent aisement par ce moyen.

Quand vne Chaire de Theologie, de Droit, ou de Medecine est vacante, la Faculté envoye au Conseil du Roy à Bruxelles, trois des Aspirans, qu'elle juge dignes de l'occuper, & il en nomme vn pour remplir la place. Dix Professeurs enseignent le Droit Civil & Canonique, & pour obliger leurs Auditeurs à se rendre capables du degré de Licence, ils ne le donnent qu'à ceux qui ont étudié deux ans dans leurs E'choles. Ce soin qu'ils apportent à rendre les E'choliers capables, est cause que dans la Flandre on ne reçoit point les Licentiés aux Tribunaux, s'ils ne sont admis dans les Vniversités de Louvain ou de Doüay. Celuy qui doit recevoir le degré, va le jour precedent par la ville accompagné de ses Amis & de ses

Compagnons, tous l'épée au cofté avec des rubans à leurs baudriers, qu'il leur a donnés. Le lendemain il foûtient publiquement vne Thefe, puis il reçoit enfuite la benediction du Chancelier de l'Vniverfité, dans l'Eglife de S. Pierre, aprés il eft conduit en fa maifon au fon des hauts-bois & autres inftrumens, par ceux qui l'avoient accompagné le jour precedent, à qui il donne enfuite la collation. Ils recoivent aufli la benediction de la mefme maniere aux autres Facultés, & ils font conduits chés eux avec vne femblable ceremonie.

Douze Profeffeurs tant ordinaires, qu'extraordinaires, enfeignent la Theologie. Ils élifent élisent de temps en temps vn Prince des Bacheliers, qui met en amande ceux qui ne s'acquittent pas bien de leur devoir, & selon son rapport la Faculté leur prolonge le temps de la Licence : elle élit aussi vn Doyen tous les six mois, & choisit chaque année huit Docteurs, qui ont soin des affaires de l'E'chole, ou ils n'appellent point les autres, que pour les choses extraordinaires.

Cette sacrée Faculté à rendu beaucoup de services à l'Eglise, particulierement lorsque l'heresie de Luther commença à naistre, car elle fit imprimer trente deux Propositions en faveur de la Religion Catholique, qui aigrirent tellement cet Apostat, que ne pouvant pas y répondre par raisons, il fit imprimer des écrits contre la mesme Faculté, dans lesquels il vomissoit toutes les iniures imaginables, qu'elle tient à vne grande gloire d'avoir receuës pour la querelle de la Religion. L'Vniversité, pour eviter qu'aucũ de ses Supposts ne se laissât corrõpre par quelque mauvaise doctrine, ordonna en l'an mil quatre cens quarante-cinq, que tous les Docteurs, les Officiers, & generalement chacun de ceux qu'elle receveroit, presteroient le serment suivant, avant que d'estre admis, & de pouvoir joüir de ses privileges.

Item juro me ex animo detestari vniversa Dogmata Martini Lutheri, & aliorum quorumlibet hæreticorum, quatenus Doctrinis veteris, & Catholicæ ac Romanæ Ecclesiæ adversantur, & sequi velle ac retinere Fidem Ecclesiæ prætactæ, sub obedientiâ vnius summi Pastoris Romani Pontificis.

La Doctrine sans les bonnes mœurs étant plus nuisible, qu'vtile, vn Docteur est étably pour faire à la Feste vne leçon de pieté aux E'choliers dans l'E'cole de Theologie. Vn autre est Censeur des livres, qu'il ne permet point qu'on imprime sans son Approbation, ny qu'on en reçoive de dehors, qu'il ne les ait veus auparavant, ce qui empéche vn nombre infini de péchés, qu'on commet ailleurs, par la lecture des mauvais livres, pour ne pas tenir ce bon ordre.

L'Vniverſité poſſede dans Louvain ſaize Chanoinies, outre de bons gages que le Roy d'Eſpagne donne aux Profeſſeurs, qui ſont exempts preſque de tous les droits d'entrée, que les habitans doivent à la ville. Il y a auſſi vne Cave publique, & celuy qui la tient ne paye point d'Impoſts, comme les autres Cabaretiers, parce qu'il eſt tenu de fournir aux E'choliers du vin & de la biere, ſuivant la taxe du Magiſtrat, qui eſt bien moindre qu'aux autres Cabarets.

De plus cette Vniverſité a de beaux droits ſur les Beneſices des Chapitres, & des Abbayes d'hommes & de filles, dont elle prend vn ſur chacune en vingt ans, & ainſi succeſſivement : elle nomme encore à trois Benefices de chaque Eveſque, à ſon choix, comme auſſi s'il permute ſon Eveſché, ſuivant la Bulle donnée par le Pape Sixte IV. l'an 1483. & elle les donne à ſes Gradués.

Comme le Centiéme an eſt vn nombre parfait d'années, la fin d'vn ſiecle, & le commencement d'vn autre ; il a toûjours eſté beaucoup eſtimé des hômes, & celebré avec de grandes ſolennités, tant dans l'Egliſe, que dans les Republiques. L'Vniverſité de Louvain celebra le ſecond ſiecle de ſa Fondation, l'an mil ſix cens vingt-ſix, au mois de Septébre, pour rendre graces à Dieu, de ce qu'elle ſubſiſtoit depuis vn ſi long téps, pour le prier de luy continuer ses graces, & pour honorer la memoire de ses Fondateurs & Bien-faicteurs.

Vrbain VIII. accorda de grandes Indulgences, pendant quinze jours que cette solemnité dura, à ceux qui visiteroient l'Eglise de Saint Pierre, & autres dénommées dans la Bulle, & qui prieroient Dieu pour l'accroissement de cette Vniversité. On prescha tous les matins en Flamand, & l'Archevesque de Malines celebra Pontificalement la Messe le premier jour, assisté de deux Prelats, sur vn Autel élevé au milieu de l'Eglise, ce qui fut suivy d'vne Procession, où se trouverent l'Vniversité, le Magistrat, & les honnestes gens de la ville. Les jours suivans, d'autres Prelats celebrerent, & les Professeurs firent des harangues latines, à la loüange de chaque Faculté, ainsi que de l'Vniversité en general : ils employerent les derniers jours à honorer la memoire de leurs Fondateurs & bien-faicteurs, & l'vn d'eux asseura à la fin les Auditeurs que conformément à la pensée du divin Platon, il y a vn lieu particulier dans le ciel, pour ceux qui auront servy à l'accroissement de la Republique des lettres. Ie ne parle point des feux de joye, ny des festins & autres réjoüissances, qui furent faites, tant par les Bourgeois, que par l'Vniversité.

Les Pères Augustins, & les Peres de l'Oratoire enseignent les Humanités à Louvain & en d'autres villes, dõt ie ne me suis pas bien informé, car ie n'avois pas mesme fait dessein de parler du nombre des Colleges des Peres Iesuites, mais le Pere Wespin de Namur vn de leurs Religieux, ayant pris de grandes peines à m'éclaircir dans ses entretiens & dans ses lettres, de tout ce que je luy ay demandé de ces païs, dont il a vne tres-particuliere connoissance, i'ay creu ne le pas devoir obmettre, non plus qu'à dire qu'vn de leurs emplois consiste à aller en Hollande faire Mission, tant pour les Catholiques, qui y font leur demeure, que pour ceux qui s'y rencontrent.

DE L'IMPRIMErie d'Anvers.

L'IMPRIMERIE sert beaucoup aux hommes à devenir sçavants, puisque par son moyen ils ont avec plus de facilité les livres, qui leur donnent l'entrée à toutes sortes de sciences, & qui leur aydent à recueillir en peu de temps, de riches successions. Elle fut inventée par Guttemberg Chevalier de Mayence, en l'an 1440. *Peta. in. Rat.* & perfectionnée en l'an mil cinq cens cinquante-cinq par Plantin originaire de la ville de Tours en France, qui ayant esté apprétif à Caen, sous Benedict Macé Imprimeur du Roy, *Ruxel. in suis Poëm.* s'en alla demeurer à Anvers, où il a esté ce que les Manuces en Italie, les Frobeins en Allemagne, & les Estiennes en France, & il a merité qu'on luy erigeast des Statuës, avec autant de raison, que l'on en dressoit anciennement aux Orateurs, aux Poëtes, aux Musiciens, aux Peintres & aux Sculpteurs, qui avoient excellé en leur art. Il laissa vne fille vnique heritiere de ses biens, dont est descendu Balthazard Moret, qui possede son Imprimerie. Il me montra quarante neuf sortes de caracteres latins, plus de cinquante Grecs, Hebreux, Syriaques, & Arabes, avec les lettres Matrices qui servent à refondre celles qui sont vsées, & à les remettre au mesme état qu'auparavant. Entr'autres livres il a imprimé vne Bible Royalle, qui passe pour vn des plus rares ouvrages qui se voient.

Son Impression est d'autant plus correcte, que trois habiles hommes éxaminent les feüilles les vns aprés les autres. Il a deux chambres remplies de livres, où il reserve vn exemplaire de tout ce qui sort de son Imprimerie. Sa Majesté Catholique a reconneu cet habile Libraire d'vn beau privilege, c'est d'imprimer seul, les Breviaires, & autres livres d'Eglise, dont les Catholiques se servent dans les Païs-bas. Il seroit à desirer que chez toutes les Nations où l'Eglise Romaine a des Autels, il y eust aussi quelques Libraires en chacune, capables & gens de bien, qui seuls imprimassent les livres qui regardent le culte divin, & qu'il fût defendu sous de rigoureuses peines à tous autres de s'en méler: l'on n'y verroit pas des fautes de consequence, comme il s'en trouve dans quelques Breviaires, qui portent le nom de Cologne, & qui neantmoins sont imprimés en des païs heretiques, où ils se servent de ce nom supposé, parce que leurs livres sont suspects aux Catholiques.

DE LA BIBLIO-
theque des Peres Ie-
suites de Doüay.

PISISTRATE établit le premier vne Bibliotheque chez les Grecs, laquelle Xerxes fit transporter en Perse, aprés que la ville d'Athenes eut esté brûlée, & l'exemple de ce Prince ayant donné aux autres Roys vn grand desir d'avoir des Bibliotheques, la magnificence de quelques vns alla jusques à faire bâtir des maisons prés de leurs Pa-

l i

lais, où ils entretenoient des personnes sçavantes, qui avoient la charge d'en faire voir les livres.

Celle des Peres Iesuites de Doüay est tres belle, soit que l'on considere sa grandeur, sa largeur, ou sa hauteur. Elle est éclairée de plusieurs fenestres, & comme l'on a toûjours vne grande inclination de connoître ceux qui se sont rendus recommandables par leurs écrits, on l'a ornée de beaux Tableaux, qui representent les Peres de l'Eglise, & autres fameux Autheurs. Les Armoires où l'on met les livres, sont bien travaillées, & éloignées des murs, en sorte que l'on peut empécher la vermine de ronger les mesmes livres. Il y en a d'excellens en toutes sortes de langues, avec de rares manuscrits, on y voit six mille Medailles antiques, & vn grand nombre d'autres choses fort curieuses, comme des habits des Medecins de la Chine, qu'on nomme Mandarins, qui jugent du mal en tâtant seulement le poux du malade, & sans l'entendre parler. Ce sont des Robes & des Soûtanes noires, avec des Echarpes de Tafetas bleu. Ils portent encore de fort grands bonnets à cornes, ainsi que des souliers brodez; les Peres Iesuites étans en ce païs là en leurs Missions se servent des mesmes habits. Sur la porte de cette fameuse Bibliotheque, on void vne figure qui represente le Pere Nicolas Trigault Iesuite de Doüay, vêtu en Chinois, qui a esté vn des plus illustres Missionnaires de cette nouvelle Chrétienté, & qui est fort conneu par les belles Relations qu'il en a données au public. On y voit de plus des Oyseaux des Indes morts, & remplis de foin, dont les ailes sont d'vn fort beau rouge, & autres couleurs éclatantes. Il y en a vn entr'autres appellé Oyseau de Paradis, qui n'a point de pieds, neantmoins Vincent le Blanc au livre de ses voyages, tient qu'étant mort, on les luy coupe pour le vẽdre mieux. Cet Oyseau porte naturellement vn fil qu'il attache la nuit à vn arbre, où il est suspendu pendant qu'il repose. On y montre aussi vne peau de Serpent qui reluit comme de l'or, & qui étant étendue, paroît avoir la largeur de cinq à six pieds.

Il y a de plus des habits d'Indiens Chrétiens, faits de fort grandes plumes, desquels les Chinois se servent pareillement. On y voit encore au travers d'vn verre vn oyseau, avec de tres-belles plumes, qui est extrémement petit, & qui pour ce sujet est appellé *Avis Musca*. Il y a aussi vne grande Vrne, où l'on mettoit anciennement les cendres des morts, aprés que leurs corps avoient esté brûlés, & vn Idole qu'on croit par traditive estre du nombre de ceux que les Anciens appelloient *Dij Lares*, il est de bronze & haut environ d'vn demy-pied. On y montre auſſi de la toile d'Albeſtos, qui ne ſe conſume point dans les flâmes.

Les Peres Ieſuites de Bruxelles ont encore vne tres-belle Bibliotheque. On y voit à l'entrée, des portraits des Roys de la Chine, des Traits, des Fleches, & des Machines de guerre, dont on ſe ſervoit anciennement, & quantité d'excellens Tableaux, avec de fort bons livres.

Dans la Bibliotheque de l'Abbaye d'Arras, il y a d'excellens manuſcrits, & de beaux Globes : dans celles d'Afflighem, de Tongrelo, & de l'Vniverſité de Louvain, on voit beaucoup de livres tres-rares.

Les Peres Ieſuites de l'Ille

outre leur Bibliotheque particuliere, en ont vne autre fournie de toutes sortes de livres doctes & curieux, qui leur a esté donnée par vn Gentil-homme du Païs, à condition de la tenir ouverte l'apres-midy, pour ceux qui auront la curiosité de la voir.

DES ESPECES
d'Or & d'Argent,
qui ont cours en Flandre.

LA Piſtole d'Eſpagne de poids, vaut dix livres.
L'Imperiale de Flandre vaut   7. l. 10. ſ.
Le Real de Flandre 7. l. 10. ſ.
L'Albertus   6. l.
Le Souverain de Flandre 14 l.
L'Eſcu de Flandre   4. l. 5. ſ.
L'Eſcu Philippe   4. l. 5. ſ.

Des Esp. d'Or, & d'Ar. de Flan.

Le Ducat	5. l.
Le Florin Réal	3. l. 4. f.
Le Real ou Patagon	48. f.
Le Ducaton	3. l.
Le Real de Flandre	5. f.
Le Schelin d'argent	6. f.

Chacune des susdites especes a sa demie piece.

DES MONTS de Pieté.

Es Monts de Pieté font des lieux, où l'on preste quelque argent aux pauvres fur des gages pour vn an, & fans intereft, mais l'on en prend des riches pour payer les Officiers de ces maifons, & ceux qui ont avancé leur argent. Si l'on ne retire dans vn an, & quelques jours les hardes que l'on a baillées en gage, on les vend publiquement, & l'argent qu'on a prêté étant pris avec l'interest, on baille le surplus à celuy auquel elles appartenoient.

Il y a de ces Monts presque dans toutes les villes de la Flandre, du Brabant, de l'Artois & du Haynaut, & mesme jusques à deux dans quelques vnes, comme à Bruges. L'on voit les Armes du Roy d'Espagne en grand volume, sur la porte de la plûpart.

Quand on a perdu quelque chose, on en va donner advis aux Officiers de ces lieux, qui sont obligés de retenir ceux qui leur veulent engager ce qui a esté dérobé. Au Mont de pieté de Bergues de saint Winox, les Officiers en frappant le plancher de leur pied, font fermer la porte par le moyen d'vn reffort, fi bien que le larron demeure enfermé.

 Clement VII. erigea celuy de Rome en l'an mil cinq cens vingt-fix, qui a efté beaucoup accreu par Paul III. & par Sixte VI. Celuy d'Avignon a efté fondé par Paul IV. & il y en a eu d'erigés prefque en toutes les villes de ce Royaume, par Edit de Louys XIII. de triomphante memoire, fait au mois de Février en l'an mil fix cens vingt-fix.

DV DROIT DE
Bourgeoisie d'Anvers.

CELVY qui veut participer aux Droits des Bourgeois de la ville, se presente au Bourg-mestre, preste le serment de fidelité entre ses mains au Duc de Brabant, paye six écus au Commun; & quelque droit au métier qu'il veut exercer, puis il en joüit des privileges, comme aussi de ceux des Bourgeois: il ne peut neantmoins parvenir aux employs de la Maison de Ville, mais seulement ses descendans. Les hômes & leurs femmes qui sont absens d'Anvers pendant six semaines, perdent le droit de Bourgeoisie.

On peut voir dans Guichardin, au lieu où il traitte de la ville d'Anvers, les marchandises que l'on en transporte aux païs étrangers, & celles que l'on y apporte. Ie diray seulement que l'on fait de fort belles toiles à Cambray, Valenciennes, Nivelles & autres villes, valants cent francs la piece, bien qu'elles ne pesent quelquefois que sept ou huit onces, de fort belles tapisseries, tant de verdure qu'à personnages, à Anvers & à Oudenarde, ainsi que de bons Camelots à l'Ille, où il y a douze personnes des principaux de la ville, dont quelques vns ont esté Eschevins, qui ont vn grand soin de bien faire travailler les ouvriers. On fait encore en ces Païs bien des dentelles, & du Point de Flandre, à Anvers de belles Statuës, & des Tableaux, il y avoit huit cens Peintres, lorsque j'y étois, à Bruxelles d'excellentes armes, à Mons en Haynaut de tres-rares verres, & l'on peut dire de cette nation, qu'elle excelle dans tous les arts. Le païs de Flandre produit aussi beaucoup de bestail, avec d'excellens chevaux, & entr'autres le Terroir de Malines, & de Mastrich, & il y en a tant, qu'ils en fournissent les autres nations. Les Marchands d'Anvers ont de fort belles maisons, où ils s'assemblent, ainsi que ceux de Bruxelles.

A Anvers, & à l'Ille, il y a des lieux appellés Maisons de Correction, où l'on envoye les fils de famille, les apprentifs des métiers, & autres qui se gouvernent mal, où qui ne veulent pas travailler. Il y a mesme vn lieu separé, pour les femmes & pour les filles faineantes, on les y châtie tous pour les fautes qu'ils ont commises, & on les fait travailler pour gaigner leur pain, dont on leur donne en petite quantité, s'ils n'employent bien leur journée. On les fait revenir lors qu'il y a apparence qu'ils se gouverneront mieux à l'advenir.

DE LA BOVRCE
d'Anvers.

IL y a dans la Bource d'Anvers quatre grandes portes, ornées des Armes d'Espagne, & quatre Gáleries fort vastes, soûtenuës par environ quarante colomnes de marbre blanc. Il y a au dessus la Bibliotheque de la Maison de Ville, qui est tres belle, ainsi que plusieurs boutiques, & les Marchands se promenét au dessous. Ils parlent de nouvelles, & traitent entr'autres choses de

Lettres de change pour Génes, Florence, Milan, Rome, Nuremberg, Franc-fort, Hambourg, Paris, Roüen, Lyon, Seville, Madrid, Burgos Cadis, &c. Celuy qui en est porteur la doit faire signifier 5. jours, aprés le terme écheu, autrement celuy qui l'a baillée, n'est point responsable, si la personne à qui elle s'addresse, fait banqueroute. Les Anglois y ont aussi vne Bource particuliere. Dans la ville de l'Ille, il y en a vne, & à Bruges, encore vne autre.

Les Marchands d'Anvers y ont des Magazins d'vne grandeur prodigieuse, ainsi que des greniers où ils mettent leurs bleds.

DES MOULINS
de la Flandre.

PRE'S de la ville de l'Ille, il y a vn moulin à vent, qui eſt bien plus grand que ceux qui font ordinairement moudre le bled, il ſert à couper du bois par le moyen des reſſorts & des ferremens qui y ſont attachés, & en vne ſeule fois il coupe juſques à ſaize planches d'ais.

Chez les Peres Ieſuites de l'Ille, il y a vn moulin ſur vn pont ſitué ſur la riviere de

Derillo : c'est vne piece fort remarquable, parce qu'il brise non seulement le bled, & le fait tomber sous la meule, mais il separe encore la farine d'avec le son, & la tamise en divers tonneaux, grosse ou menue, ainsi que l'on veut. De plus, ce Moulin envoye l'eau dans les Caves, pour brasser la biere, & la fait monter jusqu'au grenier, pour tremper l'orge, & le disposer à servir pour faire cette boisson.

A Namur, les Moulins du Roy sont fort beaux, mais on n'en fait moudre aucuns, soit à vent, soit à eau, aux Dimanches, & aux Festes, dans tous les Païs-bas Catholiques, si l'on n'obtient permission des Iuges, qui ne la donnent pas facilement, & qui l'accordent seulement pour vn jour. A Bruxelles, on sonne vne Cloche aux Dimanches & aux Festes à huit heures de soir, & quand elle a cessé, les Meusniers peuvent faire travailler leurs Moulins.

On fait venir par des pompes l'eau nécessaire dans le lieu, où l'on fait la biere pour les Peres Iesuites d'Arras, &, il y a dans le mesme endroit des canaux de plomb, qui la portent jusques dans les tonneaux de la cave.

DE L'ELECTION
des Eschevins.

J'AY déja parlé en ma seconde partie des Eschevins, en tant qu'ils sont Iuges du Civil & du Criminel, & i'ay differé à traiter du reste qui les regarde en cette troisiesme partie de mon ouvrage. Le Roy d'Espagne nomme le premier Bourg-mestre à Bruxelles, qui est vne personne de qualité, & les Doyens des mestiers élisent vne partie des Eschevins, qu'on prend des

De l'Election des Eschevins. 395
sept Familles nommées cy-aprés, à sçavoir, Tserroclofs, Tserhuigs, Sléeux, Cavembergks, Tsvvertz, Royembercks, & Steenvveghe, soit qu'ils en soient descendus par mâles, ou par femelles. Du nombre de ces Eschevins, quelques-vns s'appellent Iuges de paix, qui sont établis pour terminer en bref les discordes, qui naissent entre les voisins. Les mesmes mettent le prix au pain, & envoyent de temps en temps des personnes le peser chés les Boulangers : s'il n'est pas de poids, ils en font leur rapport, & on châtie les coupables par amendes, ou par peines corporelles. Quant à la viande de boucherie, outre la Police que les Eschevins

y mettent, les Doyens du Métier ont le pouvoir d'envoyer en Ierusalem les Bouchers, qui commettent des fautes notables en cette profession, & ils ne font point receus en suite à l'exercer, s'ils ne font voir par vne Attestation authentique, qu'ils ont visité le Saint Sepulchre de Nôtre-Seigneur.

Ie tais les particularités de l'Election des Eschevins d'Anvers, dont Guichardin parle fort amplement.

A Doüay, les Eschevins par vn Privilege particulier, élisent avant que de sortir de leur Charge 8. Bourgeois, qui nomment d'autres Eschevins, & ceux qui ne le font plus, assistent encore durant trois ans avec leurs robes d'Eschevins,

chevins, aux Proceſſions publiques & aux Aſſemblées extraordinaires, ils ont neantmoins vne marque à leur robe, qui ſert à les diſtinguer d'avec ceux qui ſont actuellement en exercice.

Le Roy d'Eſpagne envoye des Seigneurs à Gand, Bruges, Ypres, & autres villes, qui nomment les Eſchevins, avant que ceux qui le ſont, ſortent de charge. En quelques lieux comme à Dunkerque, aprés qu'ils ſont éleus, le Greffier les nomme à haute voix ſur le balcon de la Maiſon de Ville, & l'on fait en ſuite vn beau Feſtin aux dépens du public.

Les Eſchevins de Bourbourg peuvent porter l'épée par privilege, bien qu'ils ne soient pas Gentils-hommes.

Les Eschevins d'vn Païs appellé le Franc, qui est situé aux environs de Bruges, & qui va jusques à Nieuport, Dixmude, Ostende, l'Ecluse, l'Isle de Casante, Middelbourg, Thielt, & Iseghem, tiennent leur seance prés de la Maison de Ville à Bruges. Il y en a vingt-sept, qui tous sont faits Gentils-hommes, entrant en leurs Charges qu'ils exercent durant toute leur vie, mais sa Majesté Catholique change tous les ans les Bourg-mestres, qui sont aussi annoblis, s'ils ne le sont pas d'ailleurs. Dans toutes les Maisons de Ville, il y a des hommes entendus aux affaires, qu'on nomme Pensionnaires, qui vont en Commission dans les occafions : ils font pour lors accompagnés d'vn Meſſager, qui porte les Armes de la ville dans vne Medaille qui eſt ſur ſon pourpoint.

Les Curés de ſaint Pierre de l'Ille, de ſaint Eſtienne, de ſaint Maurice, & encore d'vne autre Paroiſſe, nomment à chaque fois qu'on fait des Eſchevins, huit Officiers à la Maiſon de Ville, qui ont ſoin de conſerver les privileges du peuple.

DV PALAIS DV Roy d'Espagne à Bruxelles.

IL est à propos que les Souverains, qui sont les plus elevés entre les hommes, joüissent de quelques avantages particuliers, en consideration des soins extrêmes qu'ils prennent pour le maintien de leurs Estats, & pour faire voir les marques de leur grandeur. Le Roy d'Espagne a vn fort beau Palais à Bruxelles, environné de boutiques, appellées l'Ebat de la Cour, où par la permiſſion du Gouverneur, travaillent les Artiſans de diverſes ſortes de Meſtiers, bien qu'ils ne ſoient pas Maiſtres. Vis à vis de ce meſme Palais, on voit vne grande place publique, où ſont pluſieurs Statuës de bronze. Toute la Court eſt entourée d'vne groſſe baluſtrade de fer, qui empeſche que les Carroſſes n'endommagent les murs, & l'on voit vne belle fontaine à vn des coins. La Salle où ſe retirent les cent Gardes du Gouverneur, eſt fort grande, & remarquable pour ſon lambris, fait d'vn bois qui ne reçoit point d'araignées. Il y a pluſieurs belles chambres, appellées les chābres des Gentils-hommes, des Barons, des Marquis, & des Grands d'Espagne, parce que les personnes qui portent ces qualités, s'y entretiennent; & le Gouverneur a vn cabinet fermé de vitres de tous costés, où il fait ses dépeches.

On voit dans vne Salle de ce Palais les Armures de l'Empereur Charles-Quint,

De l'Archiduc Albert,

Du Duc d'Albe,

Du Prince de Parme, & autres.

De plus, vn Casque du mesme Empereur, qu'on estime dix mille livres.

Dans vne autre Salle, sont les Statuës des douze Empereurs, qui sont de la Maison d'Austriche. La Galerie de ce Palais est remplie d'excellens

Tableaux, qui repreſentent des Roys & des Reynes de France, & des Veufves d'Eſpagne des premieres qualités, qui portent des habits de Religieuſes, qu'elles prennent d'ordinaire en ce Royaume là aprés la mort de leurs maris, & qu'elles ne quittent point, ſi elles ne ſe remarient.

L'on montre en la meſme Galerie vne Table, qui fut donnée au Roy d'Eſpagne par l'Empereur Rodolphe, à condition de la laiſſer toûjours dans le Palais; elle donne de l'admiration à tous ceux qui la voyent, pour eſtre compoſée d'Agathes, de Rubis, de Saphirs, & autres pierres precieuſes. Quand le Gouverneur eſt abſent, il y a toûjours quantité de ſes Gardes à la porte de ce Palais, le long duquel est vn Balcon, qui regarde le Iardin, & le Parc, où sont quantité de bestes fauves, & outre vn Mail, qui a prés de deux mil pas de longueur. On y voit aussi six ou sept Antres, rangés de suite, avec des Grottes, ornées de coquilles tresagreablement placées; de plus la figure d'Orphée, que les Bacchantes mettent à mort; & d'autres personnages fabuleux y sont representés, à qui l'eau des fontaines, qui sont en vn grand nombre, fait exprimer leurs plaintes par plusieurs Instrumens.

Vers vn des bouts de ce mesme Parc, il y a vn Echo, qui rend plus de douze fois la voix, & de qui on peut

dire,

Vocisque offensa resultat Ima-
[*go.*
Virg. 4. Georg.

Ce lieu est ouvert durant toute l'année aux honnestes gens, & deux fois l'an à tout le peuple.

Louys XI. fit bâtir à l'Ille vn tres-beau Palais, avec des Salles d'vne grandeur extraordinaire. Il sert depuis quelques années de Maison de Ville.

DES MAISONS
des Particuliers.

LES maisons de toutes ces villes sont fort belles; Ie m'arresteray particulierement à parler de celles de la Ville d'Anvers, qui ont les vnes quatre-vingt, les autres cent pieds de hauteur. Elles durent long temps, pour estre faites de bons materiaux, & la beauté s'y rencontre aussi, car elles sont bâties à droite ligne. Les ruës sont fort larges

Des Maisons des Particuliers. 407
& au nombre de douze, avec vingt-deux places publiques, tant grandes que petites; si bien que ceux qui ont beaucoup voyagé, la tiennent pour vne des plus belles villes du monde. Les portes des maisons sont ornées de Sculpture : l'on voit de beaux Balcons sur les ruës prés des premieres fenestres, & des Statuës dans les Courts, dont on lave souvent le pavé. Les entrées des maisons, & les salles sont ordinairement pavées de marbre, & celles des plus riches, ornées de tapisseries de verdure, ou à personnages, ainsi que d'vn grand nombre de tableaux : ils jettent du sable fort petit sur le pavé, pour empescher que la poudre n'incommode. Tous les Samedys

on lave les meubles de bois & les degrés, ce qui les tient toûjours fort nets ; il y a auſſi bien du plaiſir à voir la batterie de cuiſine, qui eſt treseclatante : les cramaillées, les garde-feu, les chenets, les landiers reluiſent encore ; ainſi que tout le reſte des ameublements. Quand l'on ne fait point de feu dans les chambres & ſalles, ils mettent des tableaux avec des chaſſis ſeulement contre les cheminées, depeur que l'on n'en voye la deformité, & ils les oſtent, lors que l'on en veut allumer ; elles ſont auſſi blanchies des deux coſtés, à la reſerve d'vn pied au milieu. Les Mareſchaux meſmes qui ferrent les chevaux, ſont ſi propres, que leurs enclumes reluiſent

reluisent comme de l'argent. En la mesme ville d'Anvers, & en quelques autres, il y a dans les courts, & jardins des tours, qui ne sont pas tres-grosses, mais fort elevées, au haut desquelles, sont des plates formes, d'où l'on découvre dix lieuës de païs, on y void aussi quantité de balcons sur les ruës. A Bruges, il y a de fort belles maisons, & pour reparer le defaut de quelques quartiers, où elles ne le sont pas tant, il y a de hautes murailles au devant, & de petites fenestres au dessus. La place qui est prés de la Cathedrale, est fort remarquable, car les Colleges des quatre Nations de Flandre sont à l'entour, & les six plus grandes ruës y aboutissent.

Avāt la derniere guerre la ville de Bruges étoit habitée des François, des Espagnols, des Allemans, des Anglois, des Ecossois, des Portugais, des Italiens, & autres nations, qui y avoient de belles maisons, avec des magazins fournis de toutes sortes de marchandises, & ils joüissoient de plusieurs privileges. Le commerce y fleurissoit beaucoup pour lors, dont on espere d'autant plus le parfait rétablissement en cette ville, que depuis peu d'années on y a fait vn canal, où vient la mer, ce qui facilite beaucoup le trafic, particulierement des laines d'Espagne, qui ne passent point pour telles, si elles ne sont marquées au coin de Bruges.

A Cambray, Arras, Valenciennes, & autres villes, il y a de parfaitement belles Caves contre-minées, & en grand nõbre, dont plusieurs sont larges de 100. pieds, elles sont habitées du peuple, & toutes sortes de personnes s'y retirent, quand ces villes sont assiegées. N'y ayant point d'autres bâtimens pour le menu peuple, les maisons y sont plus belles, & ordinairement on les fait reblãchir, où peindre tous les ans, ce qui les rend plus agreables.

Les villes d'Anvers, de Louvain, & autres, ont de fort beaux Hôtels à Bruxelles, où logent leurs Deputés, quand ils vont aux Estats. Plusieurs Seigneurs y en ont aussi, bien qu'ils n'y fassent pas leur demeure ordinaire, mais seulement pour venir faire leur cour au Gouverneur, & voir les Seigneurs de cette ville, où il y a quelques Princes, & plus de trente Comtes ou Marquis, qui ont tous de si beaux trains, ainsi que la plûpart des Gentils-hommes, qu'ils me faisoient souvenir de ceux que j'ay veus dans la ville de Rome. Il y a des Pompes presque dans toutes les maisons de ces païs, si bien que l'on y a de l'eau fort facilement. Le dehors des Hostelleries est orné des Armes des personnes de condition, qui ont de coûtume d'y loger. On voit écrit en fort gros caractere, tant dans les courts, que sur la couverture de quelques maisons, l'an qu'elles ont esté bâties.

DES HORLOGES.

ENTRE les Horloges des Païs-bas Catholiques, celle de Valenciennes qui est placée prés de la Maison de ville, me semble vne piece fort remarquable, car outre les heures qui sont marquées au Quadran, l'on y voit le Globe du Soleil monter & descendre, selon la saison, & auquel des douze signes il est logé: la Lune est aussi representée en vn Globe, qui change de face, ainsi que ce Planette, & distingue tous les quartiers. Vn Ange montre le mois courant, dont le nom est écrit en grosses lettres d'or. De plus, on y voit vn tableau où sont dépeints les exercices de l'homme, pendant chacun de ces mois. Enfin vn autre grand Soleil d'or montre les heures du jour, & vn Planette noir, celles de la nuit; puis en vn autre Tableau, passent les noms en gros Cadeaux de chaque jour de la semaine. Deux Iacque-marts de bronze, sonnent les heures, & frappét avec vn marteau l'vn aprés l'autre sur vn timbre qui est au haut de la tour.

A Cambray, quand l'Horloge sonne, les cloches y chantent des Hymnes conformes

Des Horloges.

au temps où l'on eſt. On voit en meſme temps paſſer quantité de Statuës, qui repreſentent les Myſteres de la Paſſion de notre Seigneur I.C. Les autres Horloges du païs, ſonnent auſſi fort agreablement les heures, par le moyen de cent cloches ou environ, tant groſſes que petites, qui s'accordent les vnes avec les autres, & la Muſique à laquelle je me ſuis appliqué durant longues années, m'a fait connoître que cette melodie eſt tres-agreable. Elle plaiſt tant à quelques honneſtes gens de Cambray, & autres villes, qu'ils font faire des Claviers, où eſt attaché du fil de fer qui tient aux cloches, avec leſquelles ils joüent toutes ſortes de pieces.

DV SEPVLCHRE
de Childeric.

L'An mil six cens cinquante-trois, on trouua dans le Cimetiere de Saint Brix à Tournay vn Thresor, où étoient plusieurs pieces de monnoye, deux testes de morts, vne bource d'or, vne espée, avec sa poignée, la garde, & le fourreau, vne escritoire, des agraphes d'or qui attachoient la robe d'vn de ces morts, & plusieurs Abeilles d'or, avec la teste d'vn cheval. On ût

Du Sepulchre de Childeric.

eu bien de la peine à sçavoir de qui étoit ce Tombeau, & depuis quel temps il avoit esté construit, si l'on n'eust trouvé au mesme endroit l'anneau d'or de Childeric I. Roy de France, qui vivoit il y a environ douze cens ans, avec sa hache, & des medailles d'or. On y trouva aussi vn Globe de cristal de la grosseur d'vne bale de jeu de paume, vne teste de bœuf qui servoit d'Idole à ce Roy, & son cachet où est gravée la figure d'vn homme de belle taille, avec des cheveux bouclés, qui luy descendent sur les espaules. Il tient en la main droite vn dard, & son nom est écrit en lettres Romaines. L'Archiduc Leopold Gouverneur des Païs-bas fit emporter en Allemagne tout ce qui étoit dans ce Sepulchre, ce qui a donné lieu au Sieur Chifflet de Bruxelles, homme tres-sçavant dans l'antiquité, d'en écrire vn beau Livre intitulé, *Anastasis Childerici*. Il m'obligea de me faire voir ses livres, & ses manuscrits, vn tableau où sont depeints les Chevaliers de la Toison d'or, vn grand cornet de chasse tout d'yvoire fort ouvragé, estimé plus de cinq cens escus, & quelques autres choses fort curieuses.

A quatre lieuës de la ville de Gand, on y trouva autrefois des antiques, & quantité de Medailles. Le Bailly de cette ville me fit l'honneur de me montrer les siennes, quelques vases d'or, & des livres tres-curieux.

COMME L'ON EMpéche les embrasements.

COMME il n'y a rien de si vtile aux hommes que le feu, de mesme il n'y a rien, dont ils recoivent tant de dommage. Quand il s'attache à vne maison, elle ne paroift plus qu'vne vaste flâme, qui consume tout ce qu'elle rencontre de combustible, de là il gaigne promptement les autres maisons, & les lieux publics, sans épargner mesme les temples, & il engloutit quelquefois des villes entieres, si bien que les habitans se voyent reduits à la derniere extremité, pour n'avoir plus de maisons, ny de biens. C'est pourquoy quand le feu prend à quelque maisõ dans les villes des Païs, dont Ie traite, on sonne la cloche de la Maison de Ville, & celle de la Paroisse où la maison est située, & l'on met en mesme temps vn Estendart rouge à la tour, avec vne lanterne, s'il est nuit.

Les Eschevins s'assemblent en la Maison de Ville, pour donner les ordres necessaires, & ils n'en partent point que le feu ne soit éteint, quand bien il dureroit plusieurs iours. A Ypres, & en d'autres villes il y a douze ou quinze hommes appellés les
Maistres

Maiſtres de feu, qui ſont fournis ainſi que leurs valets, des choſes neceſſaires pour éteindre les embrâſements, & particulierement de Machines, avec leſquelles ils envoyent promptement l'eau dans les cheminées, où l'on monte facilemét en beaucoup de lieux, car il y a des pierres aux deux coins des couvertures, diſpoſées en forme de degrés, qui ſervent à monter juſques au haut du toict. Les Batteliers, les Couvreurs & les Charpentiers, ſont tenus de s'y trouver: outre, ceux qui braſſent la biere ſont auſſi obligez d'y venir avec des muids remplis d'eau.

Quatre hommes gardent les avenuës de la maiſon qui

brûle, & ils tiennent en leur main de fort grands bâtons, dont ils frappent ceux qui veulent entrer contre leur volonté, ou qui dérobent quelque chose.

Les Prestres des Paroisses & les Religieux mesmes s'y trouvent, ainsi qu'il est ordonné, & ils tâchent par leurs prieres & par leurs soins, d'arrester le feu.

Les Bourgeois de chaque quartier se rendent en temps de guerre à la maison de leurs Capitaines ; puis ils vont sur les ramparts, dans la crainte que l'Ennemy ne se serve de l'occasion de l'incendie pour surprendre la ville. Leurs femmes fournissent le nombre de seaux que chaque maison est tenuë de bailler, & les clefs des lieux où sont enfermées les échelles.

Quand le feu est éteint, ceux qui y ont aydé se presentent au Magistrat, lequel leur fait vne taxe qui est payée par le Maître de la maison où le feu a pris : autre-fois il estoit mis en amende, pour n'avoir pas eu assés de soin d'empécher l'embrazement, mais elle ne se paye plus maintenant.

Quand le feu prend en vne maison de Bruxelles, les cent Gardes du Gouverneur se rendent au Palais, pour empécher le desordre que peut causer le feu.

DV COMBAT
des E'chasses à Namur.

Je n'ay pas manqué à m'informer du sujet, qui a peu obliger les habitans de Namur à combattre vne fois l'an avec des E'chasses, ainsi que quand le Gouverneur prend possession, & quand il y vient vn Prince, sans en pouvoir rien apprendre. Ie me persuade neantmoins que les Romains qui ont occupé cette Comté, & dont les Soldats passoient les rivieres, élevés sur des E'chasses, ont esté les Inventeurs de ce combat. *Strada l. 8. de bello Belg*. Il leur apporte mesme quelque vtilité, car se rendant habiles à marcher sur des E'chasses, ils peuvent aller avec plus de facilité, dans les Marais de ces païs. L'action se passe en cette maniere. Le jour du combat les Bourgeois de Namur composent vne armée particuliere, appellée le Milan, & les habitans des Faux-bourgs, & d'vne lieuë aux environs de la ville, vne autre qu'ils nomment Havresse. Les Capitaines donnent des livrées à leurs Soldats, afin de les pouvoir réconoître, & chaque quartier à le sien.

Ils sont tous elevés sur des E'chasses hautes de quatre ou cinq coudées, & ceux tant de la ville & du Fauxbourg que des villages circonvoisins se rendent en la place de saint Remy, avec leurs Capitaines, qui ont chacun vne Compagnie de cinquante hommes, puis les Trompettes qui sont placés aux fenestres de la mesme place sonnent la charge. Aussitost tous les combattans avancent les vns contre les autres en sautant & en cabriollant à l'envy, ce qui donne vn grand plaisir aux personnes de condition qui sont aux fenestres de cette place, & à tous les spectateurs qui y arrivent de tous costés, mais la satisfactiō croît encore, lors qu'on les voit luitter l'vn contre l'autre des épaules, avec vne si grande violence, qu'ils se rompent quelque-fois les bras & les jãbes. D'autres s'appuyent sur vne de leurs E'chasses, & avec le bas de l'autre, ils donnent dans celles de leurs ennemis, & en renversent par terre trois ou quatre à la fois, qui tombent les vns sur les autres.

Avant que de partir, les victorieux se mettent en rang, & les vaincus les saluent, en s'en retournant: ils sont environ 2. mil 500. hommes. Le Prince ou Seigneur pardonne à la fin tout ce qui s'est passé, & donne des prix aux victorieux, qui joüissent encore de plusieurs privileges.

⚜⚜⚜

DES TRAIS-
neaux.

N fait marcher les Traisneaux à Bruxelles durant les grands froids, & lors que les ruës font glacées, à quoy contribuent beaucoup, ceux qui demeurent fur la ruë du Cours, qu'on envoye prier de ietter de l'eau devant leurs portes, afin qu'elle se gele, & que les Traisneaux puissent courir plus facilement, ils font pour la plûpart dorés.

Vn Cavalier y eſt placé derriere vne Dame, lequel conduit le cheval, & le fait marcher le plus viſte qu'il peut. Le crin du cheval & la queüe, ſont ornés de rubans, avec quantité de grelots, & il y en a meſme d'attachés au milieu des jambes. Ce divertiſſement ſe donne le ſoir aux flambeaux que portent dix ou douze laquais, qui appartiennent à celuy qui conduit le Traiſneau, dont on voit quelque-fois quinze ou vingt les vns derriere les autres, ce qui ſe paſſe en la preſence de perſonnes de toutes ſortes de conditions, qui trouvent d'autant plus facilement place, que la ruë appellée du Cours où ſe font ces courſes, eſt fort large

& fort longue.

Les hommes ne vont point en carrosse avec les femmes, s'ils ne sont leurs proches parens, mais ils peuvent aller à cheval prés de la portiere; & quand des Gentilshommes les salüent, elles se levent du siege de leur carrosse. Lors que des personnes de cõdition passent par Cambray, 15. ou 20. Soldats Espagnols de la Garnison les vont voir en masque, dont quelques vns sont vétus en filles. Ils dancent au son de plusieurs instrumens la Gaillarde, la Gavotte, la Sarabande, & autres dances Espagnoles, où ils sont fort versés. Le Maître de nôtre Hôtellerie, qui étoit vne des principales, nous servoit la teste nuë à table.

DES COMPA-
gnies du Serment.

IL se trouve quelques fois des seditieux dans les villes, qui n'y feroient pas de trouble, s'ils sçavoient qu'il y eust des Soldats, pour aider aux Officiers de la Iustice à les saisir, afin de les faire châtier. Iean II. Duc de Brabant, pour prevenir ces inconveniens, établit des Compagnies qu'on a surnommées du Serment, afin de se souvenir de bien garder celuy qu'elles ont prêté en leur reception. Ce sont des Bourgeois mariez, qui ont donné des preuves de leur valeur à l'armée, ils sont cinq ou six cens dans les grandes villes, & il y en a d'autant plus de besoin dans celles de Flandre & du Brabant, qu'elles contiennét quantité de personnes riches, & partant plus sujettes aux seditions, *Arist. in Polit.* Ces Compagnies sont obligées de prendre les armes quand il plaist au Magistrat, de garder en temps de guerre la principalle Eglise, & la plus considerable porte de la ville. Il leur est permis & non point à d'autres de tirer à l'oiseau au mois de May, avec des arquebuses, des arcs & des arbalestes : ie me trouvay à Bruxelles, lors qu'il fut

fut abattu avec l'arbaleste, le Roy de cet Exercice se rendit aussi-tost dans l'Eglise voisine qu'on appelle du Sablon, & s'estant mis à genoux devant l'Autel principal, où estoit vn grand baudrier d'orfevrerie, vn Prestre l'arrôsa d'eau benîte, & le luy mît au col en disant quelques prieres. L'on entendit aussi-tost les tambours & les haut-bois, qui sonnoient agreablement par toutes les ruës de la ville, où marcha la Compagnie, avec des robes de drap noir, doublées de satin de la mesme couleur, qui descendoient jusques à la moitié de la jambe, & chacun portoit vn trait d'arbaleste à la main. Le Roy venoit à la fin, vn oyseau doré à son chapeau, avec le

Bourg-meſtre, & les Eſchevins à ſes coſtés, qui ſont tenus de ſe trouver au lieu où l'on tire, & de l'accompagner juſques au logis qui appartient à leur Compagnie, où elle fait ſes Aſſemblées; & où il leur donne vn ſouper magnifique, & à ſes Confreres.

Le lendemain, il ſoupe avec ſes parens, qui apportent chacun leur plat, & le iour ſuivant les voiſins font la meſme choſe. Durant ces deux derniers iours, les Soldats de ces Compagnies portent le vin & les viandes par les ruës, au ſon des tambours & des hautbois: leurs femmes marchent d'vn autre coſté, & portent le deſſert. Elles ſont appellées d'autant plus volōtiers à ces feſtins par leurs maris, que le 19.

de Ianvier, elles les traitét tous les ans, pour leur faire aimer leur maison, & en memoire de ce qu'à pareil iour, ceux des femmes de Bruxelles retournerent de la terre Sainte, où ils étoient allés avec Godefroy de Bouillon. La grosse Cloche de la Paroisse de saint Nicolas, sonne pendant le souper.

Ceux qui composent ces Cōpagnies, ont des Chapelles, où ils invocquent S. Michel, S. Sebastien S. Roch, & autres SS. & y font leurs devotions à la Feste. Ils ont aussi de grandes Salles, où ils s'exercent à l'Espadon, & aux hautes armes, aprés qu'on a leu les Statuts de ces Exercicés, qui sont entr'autres de ne se point offenser, si l'on est blessé. Les Maisons de ville donnent des prix aux vainqueurs, ainsi qu'à ceux qui sont les plus experts à tirer de l'Arc, de l'Arbaleste, & du Mousquet, à quoy ils s'exercent durant l'année, dans des Iardins qui leur appartiennent.

Quand il arrive des personnes de condition à Cambray, les Soldats de la Garnison les vont saluer, & ils dançent au son de plusieurs Instruments, la Gaillarde, la Gavote, la Sarabande, & autres dances Espagnoles, où ils sont bien versés. Le maître de notre Hostellerie qui estoit vne des principalles de la ville, nous servoit à table, la teste nuë.

DE LA GARDE
des Bourgeois.

A Bruxelles, à Anvers & autres villes, les Bourgeois font la garde aux Portes. Bien qu'il y ait vn grand nombre de Soldats en garnifon à Cambray, les Bourgeois ne laiffent pas de faire la garde dans la place publique, qui eft vers le milieu de la ville, car ils fuppofent que l'ennemy peut avoir des traiftres parmy eux. En quelques endroits, comme à Aire, ils ferment la Porte, afin que ceux qui sont de garde, puissent aller disner.

Quand il arrive des Cavaliers en vne ville, ce qu'on sçait par le moyen des Beffroys, qui sont des lieux élevez, bâtis en forme de tours, & couverts par dessus, la Sentinelle qui est au haut, sonne autant de coups de cloche, qu'il y a de Cavaliers, qui approchent de la ville, met vn Etendart rouge pour eux, & vn blanc pour les gens de pied. Etant arrivés à la premiere Porte, on donne aux Cavaliers deux Soldats, qui les menent au Corps de Garde de la Cavalerie. Aprés qu'ils ont parlé à l'Officier qui cómande, il les fait conduire à la Garde du Gouverneur, d'où on les mene dans vne Hôtellerie. L'Hôte est obligé de porter leur nom au Major de la ville, puis on va sçavoir si les soldats qu'on y a envoyés, y sont encore logés, autrement on en fait de grandes recherches. On tient presque le mesme ordre pour les gens de pied. Avant que de fermer les Portes, on sonne durant quelque temps, vne grosse cloche appellée la Cloche-porte, pour obliger ceux qui veulent venir aux villes, de se hâter, n'y ayant point de Faux-bourgs en la plus-part. L'on sonne la retraite à neuf heures avec les tambours, & si en suite on trouve quelqu'vn sans chandelle, les Soldats l'arrestent, & on le met en amende.

Ceux qui font fur les Beffroys, fonnent la nuit la Trompette toutes les demyheures, afin de faire voir qu'ils veillent. A Cambray, & en quelques autres villes, ils fonnent trois coups avec vne groffe corne. A Maftrich, cinquante Cavaliers armés de pied en cap, font garde en cette forte, chacun fe tient debout prés de fon cheval qui eft fellé & bridé, il y a vn homme en Sentinelle monté fur fon cheval prés de la porte de l'E'curie, où les autres font, & vn autre devant le logis du Gouverneur, auquel les Marchands de chevaux, qui arrivent en grand nombre en cette ville, font tenus de faire voir ceux qu'ils menent, & de fçavoir s'il en veut ache-

des Bourgeois. 441

ter ou non, avant que de les conduire en leur hôtellerie. Quelques Officiers d'Infanterie vont visiter les Batteaux, qui arrivent aux lieux où il y a des rivieres, qui sont fort frequentes en ces païs, & voir quelles personnes sont venues dedans.

A Bruges, ils sont exempts de Garnisons, en réconnoissance de ce que quelques villes des Païs-bas s'étant revoltées contre le Roy d'Espagne, ils ne voulurent pas tenir leur party.

Lors qu'on reforme vn Regiment ou vne Compagnie, on fait les Capitaines, Officiers reformés, le Roy leur donne trois payes de Soldat, le Lieutenant & le Cornette en ont chacun deux, & ils sont tous obligés de se faire enregistrer dans la Compagnie d'vn de leurs amis, & de servir en cas de besoin.

Le General peut faire donner bataille par ses Soldats, quand il le juge à propos, sans attendre les ordres de la Cour.

DE L'EXERCICE des Cavaliers.

 VAND vn ou plusieurs Capitaines veulent faire faire l'Exercice, les Trompettes des Compagnies sonnent boute-selle, & les Soldats se rendent vne heure aprés devant la maison de leurs Capitaines ou de leurs Lieutenans. en leur absence. On forme d'abord trois rangs de cinquante Maistres, puis le Trompette sonne la marche, & les Cavaliers défilent

quatre à quatre, jufques en vne campagne, ou autre lieu propre à faire l'Exercice. Là on forme derechef vn Efcadron de trois rangs, qui marchent droit, comme fi c'étoit contre l'ennemy, on fait trotter & galopper les chevaux, pour voir s'ils confervent bien leur rang, puis ils courent à droit & à gauche. Cela fait les Efcadrons fe feparent en deux, le Capitaine fe met à la tefte d'vn, & fon Lieutenant à la tefte de l'autre. Ils laiffent vn efpace de deux ou trois cens pas entre les Efcadrons qui fe regardent de front. On envoye des Cavaliers pour les reconnoître, qui tirent chacun vn coup de piftolet, pour advertir leurs compagnons

gnons, que ce sont des ennemis, & qu'il faut se battre : en mesme temps les deux Escadrons marchent l'vn prés de l'autre, le pistolet à la main, & font leur décharge, puis l'vn tourne à droit, & l'autre à gauche, tirant le coup de pistolet ; ils mettent en suite l'épée à la main, & ils se frappent quelque-fois. A la fin ils font vn petit tour, puis ils se rejoignent, & reviennent devant le logis de leur Capitaine qui les remercie.

DES FORTIFICA-
tions plus remarquables.

CE n'est pas mon deſſein de faire vne deſcription generale des Fortificatiõs des Païsbas Catholiques, mais ſeulement de quelques vnes, pour ſatisfaire la curioſité des Lecteurs, ce qui eſt d'autant plus facile, que les eaux abondent en ces païs, & qu'elles contribuent extrémement à rendre les places fortes, & comme ils ſont éloignés du Roy d'Eſpagne cy-devant leur Souverain, & qu'ils n'en pouvoient pas recevoir promptement du secours, ils étoient obligés de ne rien épargner pour se bien fortifier.

La ville d'Anvers est l'vne des plus considerables du Duché de Brabant, pour sa grandeur, la beauté & la magnificence de ses bâtimens publics & particuliers, la commodité du commerce, & les richesses des Marchands, dont l'vn qui est Portugais, possede vne belle maison superbemēt meublée, & capable de loger vn Prince. Cette ville est située le long de la riviere de l'Escaut, qui a son origine en Picardie, passe à Cambray & à Valenciennes, sa largeur est de 2400. pieds vis à vis d'Anvers, & on a compté dessus jusques à 2500. navires

Il y a au bord de cette riviere vne grande Machine appellée Gruë, ainſi qu'à Bruxelles & à Bruges, qui ſert à décharger les Vaiſſeaux. Cette belle ville eſt vn Marquiſat de l'Empire, ſeparé du Brabant. Elle a cinq Portes du coſté de la terre, huit grands baſtions en ſon circuit, avec de profonds & larges foſſés à fonds de cuve, remplis d'eau, & quelques demi-lunes au devant des courtines.

Le Terre-plain des ramparts eſt fort large, particulierement du coſté de la Porte de Breda, où l'on ſe promene principalement en eſté ſur le ſoir.

Au bout de la ville prés de l'Abbaye de Saint Michel,

le Duc d'Albe a fait bâtir vne fort grande Citadelle, composée de cinq bastions reguliers.

Cette Citadelle est vne des plus accōplies qui soient dans les Païs-bas, tant pour la disposition, & construction des bastions, courtines, plateformes, demy-lunes, ramparts & contrescarpes, que pour les logis des Officiers & des Soldats, d'vne forte garnison, magazins,& grand nombre de canons, & de toutes sortes de munitions tant de guerre que de bouche, necessaires pour soûtenir vn long siege. Il y a des E'curies pour mettre plus de huit cens chevaux. On nous donna vn Soldat pour nous montrer les canons qui sont sur les ramparts, ainsi qu'on pratique ordinairement, quand quelques vns les veulēt voir. Au devant de la mesme Citadelle il y a vne place d'armes, où l'on peut mettre dix mille hommes en bataille, & vers ce quartier là, vn Fort appellé de saint Laurens.

On voit proche de cette place vn grand bateau doré approchant de la beauté du Bucentaure de Venise, ou se met le Senat de la ville d'Anvers, quand il a advis qu'il y vient par eau des Ambassadeurs, ou autres personnes fort considerables, qu'il va complimenter & recevoir, & pour les faire descendre, on met des planches que l'on couvre de tapis.

DES FORTIFICA-
tions de l'Ille.

LA ville de l'Ille est bien fournie d'habitans, & fort riche, située en pleine campagne, fortifiée de dix bastions bien remplis de terre avec quelques demi-lunes, & entourée de larges & profonds fossés. Les ramparts sont fort larges.

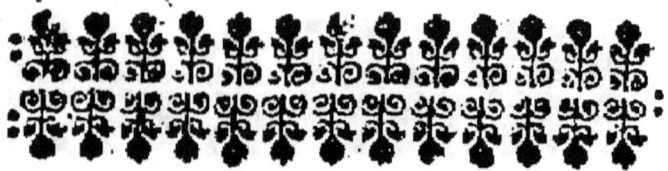

DES FORTIFICA-
tions de Gravelines.

LA Ville de Gravelines est vne place tres-forte, situées en vn plat païs à l'extrémité de la Comté de Flandre prés de la mer Oceane, joignant la riviere d'Aa, qui la sepaře de la Picardie; elle est éloignée de quatre lieuës de Calais & de trois de Dunkerque. L'Empereur Charles-Quint & Philippes II. Roy d'Espagne y firent faire six bastions, revétus de bonne maſſonnerie de pierre de taille, & de briques, bien remparés & environnés de profonds & larges foſſez, qui ſont remplis de l'eau de la mer, par le moyen des Ecluſes qu'on a faites à ce deſſein. Autour de cette place, il y a ſix demy-lunes qui couvrent les courtines, entourées des meſmes foſſez revêtuës de gazon, & fortifiées au pied d'vne paliſſade, & d'vne fraize de bois de cheſne, poſée en ſaillie entre le rampart & ſon parapet, pour empécher qu'on ne monte ſur la pente du talu, & du gazon, le tout environé d'vne ample & large cõtreſcarpe foſſoyée & garnie de petits flancs & redents, pour en empécher l'accez.

Il y a ſeulement deux Portes,

l'vne du costé de Dunkerque, & l'autre de Calais, cette derniere est couverte d'vne demi-lune, & d'vn grand ouvrage à corne qui l'enveloppe, le tout garni de profonds fossez & d'vne contrescarpe aussi fossoyée.

A la portée du Canon de la ville du costé de Calais, on voit le Fort Philippe, qui est vne place tres-reguliere, avec quatre bastions, & environnée d'vne forte palissade, & d'vn large fossé remply d'eau, profond de seize pieds, avec vne bonne contrescarpe en tout son circuit. Philippes IIII. Roy d'Espagne fit bastir ce Fort sur les terres de France, au deçà de la riviere d'Aa, aprés la declaration de la guerre

Des Fortifications de Gravel. 455
en mil six cens trente cinq, & il le pourveut d'vne bonne Garnison, pour faciliter la construction d'vn nouveau Port, avec vn grand Canal jusques à la mer; dont neantmoins le dessein aprés vn grand travail & beaucoup de dépence, est demeuré sans succés.

DES FORTIFICA-
tions de ſaint Omer.

LA ville de ſaint O-mer eſt ſituée dans la Comté d'Artois, en vn païs maréca-geux, & arrôſée de la riviere d'Aa, ce qui la rend naturel-lement forte; & l'art a beau-coup contribué à la fortifier par de larges & profonds foſ-ſés, par quantité de baſtions bien remparés & revêtus de maſſonnerié, par pluſieurs ou-vrages

Des Fortifications de S. Omer. 457
vrages à corne, par des tenailles & des demy-lunes gazonnées & bien palissadées.

Aux environs de cette place, il y a des Isles flottantes sur l'eau, & couvertes de fort bons pasturages, où l'on nourrit quantité de bestail. Lors que les vents sont violents, ils les font flotter, & aller d'vn lieu en l'autre. Les poissons se retirent dessous ces Isles durant la rigueur de l'hyver.

Q q

DES FORTIFICA-
tions d'Aire.

O N peut considerer la ville d'Aire pour vne des plus fortes places de la Comté d'Artois. Elle est avantageusement située en vn plat païs, sur la riviere du Lis, dans vn lieu marécageux, sans avenuë que par vn côté, & autant bien fortifiée que le peut estre vne Place irreguliere. Il y a huit bastions, dix demy-lunes & deux ouvrages à corne, le tout bien remparé de terre, revêtu de bonne maſſonnerie, & accompagné de larges & profonds foſſes remplis de l'eau de la meſme riuiere, qui l'enuironne, & la traverſe en pluſieurs endroits, & ceint d'vne contreſcarpe, auec vn chemin couuert, bien tenaillé, & aſſeuré de fortes barrieres, & paliſſades de bois de cheſne en tout ſon circuit.

DES FORTIFICA-
tions d'Arras.

LA ville d'Arras est garnie de bons bastions en toute son enceinte, avec de tres-profonds fossés du costé de Doüay, & de beaux dehors. Il y a encore plusieurs demi-lunes, des ouvrages à Couronne, des pieces à corne, & douze Plates formes du méme costé de Doüay, pour mettre du canon & des hommes. Le Maréchal de Schulemberg les fit faire, lors qu'il estoit Gouverneur de la ville.

DES FORTIFICAtions de Monts en Haynaut.

LA Ville de Monts en Haynaut Capitale de la Comté du Haynaut, est sur la riviere de la Troüille, qui est divisée en plusieurs branches, & l'environne de tous costés. Elle la traverse par vn bout du costé du Septentrion, & remplit ses fossés. Cette place est située en vne plaine campagne tres-fertile, & s'éleve

#6 Des Fort. de Monts en Hayn.
vn peu vers son milieu du costé de l'Orient. Elle a trois bastions, revêtus de massonnerie, ainsi que le circuit de ses ramparts, avec des tours & des petits flancs, le tout bien terrassé par derriere. De plus six demi-lunes, & vn ouvrage à corne defendent les Portes, & les plus faciles avenues, son fossé est couvert d'vne contrescarpe en toute son enceinte, avec vn chemin couvert, garni de plusieurs redents pour flanquer les dehors.

DES FORTIFICA-
tions de Valenciennes.

LA ville de Valenciennes est en plaine campagne, sur la riviere de l'Escaut qui passe au travers par plusieurs canaux, remplit ses fossez, & peut facilement par ses écluses inonder les avenuës & le terrain, en tout son circuit. Elles sont la plus considerable Fortification, n'y ayant d'ailleurs que trois bastions, des ramparts bien terrassez, & garnis de tours à l'antique, avec vn chemin couvert au devant des fossez.

DES FORTIFICA-
tions de Cambray.

LA ville de Cambray est grande, belle & nette, Capitale du Cambresis, entre les Provinces de Haynaut & de la Picardie, éloignée de 8. lieües de Peronne. Il y a vn Archevesché, & l'Archevesque est le Seigneur de cette ville, & Prince de l'Empire. Les Roys d'Espagne tiennēt 800. hōmes en garnison dans la Citadelle, que l'Empereur Charles Quint fit bâtir, pour tenir les Habitans en leur devoir. C'est vn quarré de quatre bastions revétus de bonne massonnerie, bien remparés, & environnés de profonds fossés à fonds de cuve sans eau, & couverts de demi-lunes. Cette Place est vn peu élevée pour mieux commander la ville, qui est garnie de bons ramparts, de bastions, & de tours, avec de profonds fossés remplis de l'eau de la riviere de l'Escaut, qui passe au travers.

Il y a deux bastions retranchés, & fortifiés par dehors, de demi-lunes, & de tenailles, avec quantité de Soldats pour les garder, ce qui donne lieu au vulgaire de dire qu'il y a trois Citadelles à Cambray. I'ay appris depuis mon retour de ce Païs, qu'il est tõbé quelque partie d'vne de ces Fortifications. Il y a de bonnes palissades au bord du fossé.

DES E'CLVSES.

LES E'clufes pour la Fortification fervent à retenir les eaux, afin qu'elles inondent la campagne ou les Marais des deux coftés du Canal de la riviere, & à empécher que l'ennemy ne puiffe que tres-difficilement avoir communication des quartiers de fon camp. Ils en ont prefque par tout, & pour fecher les lieux qui ont efté inondés, ils fe fervent de Moulins à bras, avec des Pompes. Ils ont encore d'autres

Des E'cluses.

E'cluses, pour faciliter la communication des rivieres, où n'y ayant pas assés d'eau, elles la retiennent jusques à vne quantité suffisante. Il y en a de Bruxelles à Anvers, & de Bruges à Ypres. Cette derniere Ecluse est tres-considerable. Elles donnent vne grande commodité pour aller par eau. Les Batteaux partent à heure reglée. Il y a des chambres meublées, où l'on met les honnestes gens, qu'on traite à table d'Hôte.

DES CANON-
niers.

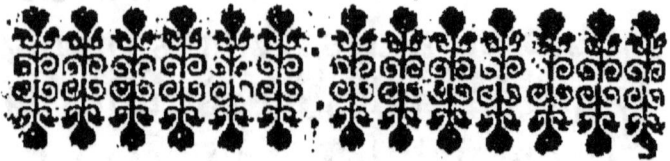Ly a quantité de Canonniers en chaque ville, ils portent pour les diſtinguer des autres Officiers, des juſtau-corps rouges, bleus, ou d'autres couleurs, ce qu'ils tiennent à honneur, bien qu'ils ſoient quelque-fois les principaux Marchands de la ville. Ils joüiſſent en conſideration de cet employ de quelques Privileges, comme de ne point aller à la garde

de iour, ny de nuit. Pour les rendre habiles à bien tirer, la Maison de Ville fait preſent d'vne Salicre, d'vne E-cuelle d'argent, ou autre choſe ſemblable, à celuy qui donne dans vn blanc. On l'appelle le Roy du Canon, & il eſt mené en ſuite par la ville, où les tambours & les trompettes retentiſſent de tous côtés. Chaque Canonnier porte alors vn petit Canon d'argent au col, attaché avec vn cordon de ſoye, & vn bâton à la main, avec vne fleur au bout. Ils reconnoiſſent le glorieux Saint André pour leur Patron.

DES PRESENS
des Villes aux personnes de qualité qui y arrivent.

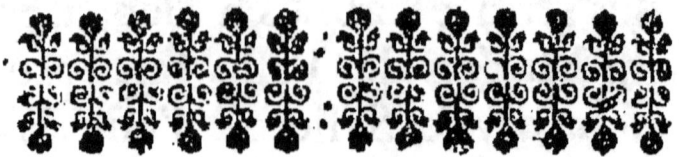L importe à la grandeur d'vne ville de bien recevoir ceux que la curiosité, ou les affaires y menent, & particulierement les personnes de haute condition. Quand le Prevost & les Eschevins de Valenciennes, & autres villes, sçavent qu'il en est arrivé quelqu'vn, ils le

vont haranguer, accompagnez de deux Officiers en robes de ceremonie, tenants des baguettes ornées d'argent. Douze autres suivent avec leurs robes, & ils portent chacun deux fort grands Vases, qui contiennent quarante Pintes de vin, dont ils font present à celuy qu'ils visitent, & ils y adjoûtent, selon sa qualité, des toiles du Païs, qui sont enveloppées tres-magnifiquement dans du velours. Ils presentent en outre à des Souverains les clefs de la ville dans vn grand bassin d'argent, comme il fut pratiqué il y a quelques années pour la Reyne de Suede, quand Elle passa à Valenciennes.

FIN.

TABLE
DES
CHAPITRES
CONTENVS
EN CE LIVRE.

PREMIERE PARTIE
où il est traité de la Religion.

CHAPITRE I.

STAT de la Flandre, depuis Cesar jusques à François premier. page 1.

II. *Des Idoles qui ont esté dans les Pays-bas.* 27

TABLE.

III. De l'Etablissement de la Religion, 35
IV. Des Eveschés, 55
V. Des Evesques Illustres, 59
VI. Des Chapitres des Eglises Cathedrales & Collegiales, 67
VII. De l'Eglise Cathedrale d'Anvers, 76
VIII. Des Seminaires, 83
IX. Des Instructions Chrétiennes, 86
X. De la Procession du jour du S. Sacrement, 91
XI. De la Confrerie de la sainte Agonie, 96
XII. Des assistances qu'ils rendent aux Defunts par leurs suffrages, 103
XIII. Des Meditations du Carême, 114
XIV. Des Stations, 117
XV. Des Devotions de la Se-

TABLE.

maine Sainte, 123
XVI. Des Hospitaux & autres lieux de pieté, 131
XVII. De la delivrance des Prisonniers à Ypres, 139
XVIII. Des Abbayes, 142
XIX. Des Eglises des Religieux, 153
XX. De la beauté des Convents, 160
XXI. Des bâtimens de saint Amand, 165
XXII. De l'Ordre de sainte Brigitte, 168
XVIII. Des Recluses, 172
XXIV. Des Beguines, 174
XXV. Des Chanoinesses de Monts en Haynaut, 179
XXVI. Du Desert des Peres Carmes déchaussés prés de Namur, 186
XXVII. Des Chevaliers de la Toison d'Or, 198

TABLE.

XXVIII. Des saintes Hosties de Bruxelles, 203

XXIX. Du Sang de notre Seigneur qui est à Bruges, 214

XXX. Du bois de la vraye Croix, 219

XXXI. Des Processions, 224

XXXII. Des Carmesses, 228

XXXIII. De la Feste de la sainte Trinité à Anvers, 236

XXXIV. De la Carmesse de Gand, 243

XXXV. Des Devotions à la sainte Vierge, 246

XXXVI. Des Processions en l'honneur de la sainte Vierge, 254

XXXVII. Des Pelerinages à la sainte Vierge, & aux Saints, 266

TABLE.

XXXVIII. Des Corps saints, 270

XXXIX. De quelques Reliques, 276

XL. D'vne Image de notre Seigneur qui est à Gemblours, 281

XLI. Du saint Cierge d'Arras, 283

XLII. Des Sepulchres, 289

SECONDE PARTIE,

où il est traité de la Iustice.

Chapitre I.

DE la Iustice des Eschevins des villes, page 293

II. De l'Office de Bailly, 299

III. Du Chastelain de l'Ille, 301

TABLE.

IV. Du Présidial de Gand, 303
V. De la Chambre des Comptes de l'Ille, 306
VI. Des Iuges de Bruxelles, 309
VII. Du grand Conseil de Malines, 311

TROISIE'ME PARTIE.
où il est traité de la Police.

CHAPITRE I.

DES Estats de la Flandre, page. 320
II. Noms des principales maisons de la Flandre, 324
III. Des Herauts d'Armes, 326
IV. Des Autheurs de livres spirituels, 328

TABLE.

V. *Noms de quelques grands personnages des Pays-bas, qui sont decedés, & qui ont excellé dans les sciences depuis 50. ou 60. ans,* 330

VI. *De l'Vniversité de Doüay,* 334

VII. *De l'Vniversité de Louvain,* 344

VIII. *De l'Imprimerie d'Anvers,* 369

IX. *De la Bibliotheque des Peres Iesuites de Doüay,* 373

X. *Des Especes d'Or, & d'Argent, qui ont cours en Flandre,* 380

XI. *Des Monts de Pieté,* 382

XII. *Du droit de Bourgeoisie d'Anvers,* 385

XIII. *De la Bourse d'Anvers,* 389

TABLE.

XIV. Des Moulins de la Flandre, 391
XV. De l'election des Eschevins, 394
XVI. Du Palais du Roy d'Espagne à Bruxelles, 400
XVII. Des Maisons des particuliers, 406
XVIII. Des Horloges, 413
XIX. Du Sepulchre de Childeric, 416
XX. Comme l'on empéche les embrasements, 419
XXI. Du combat des E'chasses à Namur, 424
XXII. Des Traisneaux, 428
XXIII. Des Compagnies du Serment, 431
XXIV. De la Garde des Bourgeois, 437
XXV. De l'Exercice des Cavaliers, 443
XXVI. Des Fortifications plus

TABLE.

    remarquables, 446
XXVII. *Des Fortifications de l'Ille*, 451
XXVIII. *Des Fortifications de Gravelines*, 452
XXIX. *Des Fortifications de saint Omer*, 456
XXX. *Des Fortifications d'Aire*, 458
XXXI. *Des Fortifications d'Arras*, 460
XXXII. *Des Fortifications de Monts en Haynaut*, 491
XXXIII. *Des Fortifications de Valenciennes*, 463
XXXIV. *Des Fortifications de Cambray*, 464
XXXV. *Des E'clufes*, 466
XXXVI. *Des Canonniers*, 468
XXXVII. *Des Prefens des Villes aux perfonnes de qualité qui y arrivent.* 470

FIN.

NOMS DES AVTHEVRS
ET DES HISTORIENS nommez dans cét Ouvrage.

A *Nastasis Childerici.*
Valerius Andreas.
Annales de Brabant.
Antiq. de la Gaule Belgique.
Archives du Chapitre de Bruxelles.
Aristote.
Baronius.
Belgium Romanum.
Vincent le Blanc.
Cassiodore.
Chartres de Wilvordes.
Chifflet.
Chronicon Flandriæ.
Commentaires de Cesar.

Concilium Liptinense.
Epiphanius.
Eutropius.
Froidure.
Gazet.
Gelic.
Gilbert.
Guichardin.
Haesteem.
Havensius.
Henricus Morinus.
Heuterus.
L'Histoire de Cambray.
L'Histoire de Haynaut.
L'Histoire de Luxembourg.
Historia Morinorum.
L'Histoire Romaine.
L'Histoire de Tournay.
L'Histoire de Valenciennes.
Iacobus de Guise.
Imago primi sæculi.
Ioinville.
Iulius Pomeranus.
Iuste Lipse.

Manutius.
Marlianus.
Martyrologium Romanum.
Mircus.
Moneus.
Nazarius.
Olaüs Magnus.
Petault.
Platon.
Prefix.
Raiſſius.
Ruxelius.
Sacrarium Namurcenſe.
Sanderus.
Soave.
Sozomene.
Strada.
Severe Sulpice.
Surius.
Theodoret.
Wandelhaër.
Virgile.
Le Cardinal de Vitry.
Zoeſius.

TABLE DES MATIERES.

ABBAYES dépendantes immediatement du Pape, page 142. on donne du vin au Ieudy Saint dans les Abbayes, 124. leurs privileges 149. il y a vn appartement preparé pour le Gouverneur du Pays en la plus-part, 166

Abbés de Flandre ont des Palais dans les Villes, 167

Abbés Fondateurs de Convents & de Seminaires, 145. Ils fournissent des sommes notables au Roy d'Espagne, 323 Ils sont Reguliers, 145

Adrien donna des pieces de monnoye aux Gaulois, 13

Table des Matieres.

saint André Patron des Canonniers, 469

Anvers, sa beauté, 447. Sa situation. là mesme. C'est un Marquisat de l'Empire, 448

à Anvers, on decrete le bien d'un homme dans un an, 297

l'Archevesque de Cambray est Seigneur de la Ville, & Prince de l'Empire, 464

Armes des Gentils-hommes mises sur leurs portes après leur mort, 107. 108

Auguste fait passer les Sicambres en la Gaule Belgique, 5

Autels richement parés, 79

B

Bague que portent les Religieuses de sainte Brigitte, page 170
Bailly de Gand, & ses Gardes, 300
Balcons sur les rues, 409
8 Bastions à Aire 458
6 Bastions à Gravelines, 452
10 Bastions à l'Ille, 451
Bateau doré d'Anvers, 450
Bateaux publics, 467. Il y a des chambres meublées dedans pour les honnestes gens, là mesme.
des Beffroys, 449

Table

mille Beguines en vne mesme maison. 174. leur habit. 177. elles font des Vœux entre les mains des Evesques, 173.

Benediction des Licentiés de Louvain, 360

Benediction que les enfans demandent à leurs peres & meres, 88

Benefices que donne l'Vniversité de Louuain, 365

Bibliotheque publique à l'Isle, 379

priuileges des Bouchers, 396

Bourse d'Anvers, 389

8 Bourgeois d'Ypres portent aux Processions les clefs de la Ville, 194

à Bruges, ils sont exempts de garnison. 441

C.

Vn Cabaretier de Louvain est tenu de fournir du vin & de la biere aux Escoliers à moindre prix qu'ailleurs, 354

Calice de saint Thomas de Cantorbery, 278

Canal de Bruges, 413

Canonniers, 468 leur habit. là mesme. leurs privileges. là mesme. ils portent vn petit canon d'argent au col, 469

des Matieres.

les Capucins d'Arras rendent tous les ans la clef de leur Convent aux Benedictins, 145

Characteres de l'Imprimerie de Moret, 371

le Cardinal de Granduelle parloit sept langues, 59

on porte des Machines & des Statuës aux Carmesses, 229 &c.

Catechisme, prix qu'on y donne, 88

50 Cavaliers armés de pied en cap sont garde à Mastrich, 440

Caves où l'on demeure, 411

Censeur de livres à Doüay, 338

Ceremonies de Bruxelles le jour de Pasques, 123

Comme ils pourvoyent à Doüay aux Chaires vacantes, 338

Comme on pourvoit aux chaires vacantes à Louvain, 358

la Chambre des Comptes juge incidemment des crimes, 307

Chanoines ont voix deliberative aux Maisons de ville. 73. leurs privileges, 74

Chanoinesses nobles de quatre races, 180. on examine leurs titres, là mes. leur habit. 181. le Comte de Haynaut prend

Table.

possession en leur Eglise, 184

Chanoinies affectées aux Gentils-hommes, 72

Chanoinies fondées depuis peu par des Ecclesiastiques & autres, 73

Chanoinies que possede l'Vniversité de Louvain, 364

Chapelle des Roys de France à Maſtrich, 70

60 Chapelles pour les Clercs à l'Illes 74

Le Chapitre de Maſtrich dit le Breviaire Romain, 67

Charles le Gros tint les dix-sept Provinces, 21

Charles Quint prit possession à Maſtrich de sa Chanoinie, 70

Charles le Simple tint les dix-sept Provinces avec le Royaume de France, 22

Chartreuses prés de Bethune, 171

Chartreux Anglois à Nieuport, 170

Chasse de saint VVinoch, 279

Chemins militaires, 33

Chevaliers de la Toison d'Or, pourquoy instituès, 198. comme on les crée, 200

saint Chrysole porta sa teste en ses mains, 40

Cierges qu'on offre aux Fondateurs des

des Matieres.

Eglises, 149
le saint Cierge d'Arras ne diminue point en brûlant. 285. il est enfermé sous trois clefs differentes, 286
Citadelle d'Anvers, 449
trois Citadelles à Cambray, 465
Civilis battu, 13
Cloche appellée Charles Quint, 76
de la Cloche-porte, 439
Cloche qu'on sonne la nuit par les ruës d'Ypres, 107
Cloistre des Recollets de Gand, 160
46 Colleges à Louvain, 350. ordres pour les maintenir, 352
Communautés de Religieuses, 88
Communion generale, 105
Compagnies de filles devotes, 178
Compagnies du Serment tirent seules à l'oiseau, 432
vtilité de la Confrerie de l'Agonie, 97
Confrerie de la Circoncision, 101
Confrerie de saint Gregoire, 87
Confrerie de saint Iob, 102
Conquestes des François au cinquiéme siecle, 46
Constantius Chlorus protegea les Chrétiens, 42

Table

Conversion de Constantin, 44
comme on place les Corps Saints, 271
respects qu'on rend aux Corps Saints, 274
Criminels qu'on delivre à Ypres, en faveur de la Passion, 140
Croix appellée d'Amen, 222
Crucifix de la place d'Anvers, 222
priuilege des Curés de l'Isle, 99
Curés se donnent à la capacité, 66

D

Dagobert posseda les 17 Prouinces, 17

Decoration d'Autel durant l'Octaue des morts, 105

Dégasts des Heretiques, 52

Desert de Marlagne, du silence qu'on y garde 192. des Conferences, 194. il y a dix hermitages, 193

Deuotion des Confreres de la sainte Agonie à la Passion de notre Seigneur, 99

Deuotions à la mesme Passion durant la semaine Sainte, 123

Deuotions aux Stations de la Passion, 119

Deuotion de l'Vniuersité de Doüay à la Conception, 248

Dieux qu'on adoroit en divers lieux,

des Matieres.
28 & 31

Divertissement que donnent les Soldats de Cambray, 436

S Docteurs ont soin des affaires de la Theologie à Louvain, 361

Doyen de Mastrich, 4 Bedeaux le vont querir aux Festes, 70

Drusus entreprend vn grand Canal, 77

Drusus met l'Estat en peril par l'imposition d'vne taille, 77

E

Eaux abondent en Flandre, 446
vtilité des Echasses, 425
E'cho de Bruxelles, 444
E'cluses de rivieres, 467
E'cluses de Valenciennes, 463
Echoliers de quatre nations à Louvain, 355
quels E'choliers sont receus aux Ordres sans titre, 352
Eglises des Pays-bas furent environ cent ans sans Pasteurs, 46
l'Empereur Claudius favorise les Gaulois, 11
Epitaphe de Ianfenius, 292
Eschevins, comment on les élit, 397
privilege des Escheuins de Bourbourg,

Table

là mesme.

election des Eschevins de Bruxelles, 395

privilege des Eschevins de Doüay, 396

privilege des Eschevins du Franc, 298

Eschevins font executer à mort, nonobstant appellations, 294

Eschevins s'assemblent pendant les embrasements, 420

de quelles personnes sont composés les Estats de Flandre, 321 il n'y a que cinq voix, 322

Evesché's comment erigés, 55

l'Euesque de Bruges porte en Procession le Sang de N. S. 217

Exercice des Cavaliers, 443 &c.

F

des 7 Familles de Bruxelles, 394

des Festes des Saints Patrons des Eglises, 70

Festin que les femmes de Bruxelles font à leurs maris, 435

vne Fille est Generale de tout l'Ordre de sainte Brigitte, 169

douze Plate-Formes à Arras, 460

du Fort Philippe, 454

Fortifications d'Aire, 458 &c.

Fortifications

des Matieres.

Il y a à Arras de profonds fossez, 460
des Citadelles de Cambray   464
6 Bastions à Grauelines,   452 &c.
10 Bastions à l'Isle,   452
5 demi-lunes à Mons en Haynaut, 461
plusieurs ouurages à corne à saint O-
mer,   456
Ecluses de Valenciennes,   463
Franchises des Eglises,   78
les François succederent aux Romains, 13

G

Galeries & portail de l'Eglise des Peres Iesuites d'Anuers. 154
Galeries des Iardins,   162
à Gand, certains pauures peuuent demander l'aumône,   136
Gardé qu'on fait de la Châsse de la
Vierge,   256
les Gaulois se reuolterent sous Vercingentorix,   4
General d'armée peut faire donner bataille, sans attendre les ordres de la Cour, 442
Germanicus fait faire vne flotte de

Table

mille vaisseaux, 19

H

les **H**Abitans de Namur ont receu des premiers la Foy Chretienne, 36

Habit de l'Ordre de sainte Brigitte, 169
Habit que portent les Peres Iesuites à la Chine, 375.
employs des Herauts, 327
Heresie, comme elle a esté introduite dans les Pays-bas, 51 &c.
50 mille Heretiques mis à mort, 53
Heretiques vaincus par Marguerite de Parme, 52
Hermites, comme on les reçoit à Marlagne. 190. Ils écrivent sur des ardoises au lieu de parler, 192. leur austerité, 196
douze Hommes à l'Ille ont soin de bien faire travailler les ouvriers, 387
Hommes ne vont point en carrosse avec les femmes à Bruxelles, 430
raretés de l'Horloge de Valenciennes, 414.
propreté des Hospitaux, 134
Hospitaux pour les femmes en cou-

des Matieres.

che, 134
Hospitaux pour les pauvres Prestres, 137
Hospitaux pour les Soldats malades ou estropiés, 135
Hostes sont obligés de porter le nom de leurs Soldats au Major de la ville, 439
Hosties miraculeuses en divers lieux, 212
Hosties rendirent du sang, 204

I

Iardin des Peres Iesuites de Tournay, 163
Idoles chassés par saint Piat, 34
2 Ieux d'Orgues aux Eglises, 77
Image de nostre Dame de Cambray, 253
Image de nostre Dame de Hal, 252
Images de nostre Dame sur les portes des Euesques, 80
Vtilité de l'Imprimerie, 369
comme ils sechent les lieux Inondés, 466
Isles flottantes à saint Omer, 457
Iurisdiction du grand-Conseil de Malines, 313, on y plaide en François, 314; les Charges de Conseiller annoblissent ceux qui y sont receus, 315

Jurisdiction de Maſtrich; comment partagée entre l'Eveſque de Liege & les Hollandois, 296

L

Libraires de Louvain ne peuuent acheter les livres des E'choliers, ſans la permiſſion du Recteur, 349

train du Recteur de Louuain. 346.

les Liures de Bollandus contiendront 40. volumes, 333

M

les Maires du Palais ſe rendirent maîtres des dix-ſept Provinces, 17

Maiſon de Correction d'Anvers, 388

Maiſons publiques d'Anvers, 136

Maiſons de ville donnent des prix aux Canonniers qui tirent le mieux, 469

vn Maréchal devint bon Peintre, 81

ſaint Martin Fils d'vn Comte de Namur fit bâtir plus de cent Egliſes, 38

Medailles antiques des Peres Ieſuites de Doüay, 375

Medecins de Louvain ont droit de ſaiſir les corps executés, 357. ils ont le ſecret du ſieur Bils, 358

Mort funeſte de Diocletien, & de Ma‑

des Matieres.

ximien, 41

Moulins ne meulent point à la Feſte, 392

on chante Muſique durant les Meditations de Caréme. 115

N

Noviciat des Peres Ieſuites Anglois, 161

O

les Officiers du Recteur de Louvain luy remettent tous les ans leurs charges, 347

Officiers des villes en preſentent les clefs dans vn grand baſſin d'argent aux Souverains qui y arrivent, 471

P

Paix entre les Princes du Rhin à la naiſſance de noſtre Seigneur, 6

le Pape envoya ſainte Benoiſte en Flandres, 39

Pauvres chantent les Litanies à la porte des maiſons, 137

Pelerinages qu'ils font aux pays étrangers, 269

les Peres Auguſtins & les Peres de l'Oratoire enſeignent dans les Pays-bas,

Philippes d'Austriche herita de tous les Pays-bas du chef de sa mere, 25
Places d'Armes d'Anvers, 450
Place publique de Bruges, 409
Poëme en l'honneur de la Passion de nostre Seigneur, 124
les Pompes sont communes, 412
Portes d'Eglises richement ornées au dedans, 78
Predicateurs préchent l'étole sur le col, 79
Ils presentent des tableaux & des cierges, quand ils vont en Procession, 265
Presents que font les villes aux personnes de qualité qui y arriuent, 471
les Prestres & gens mariés celebrent le cinquantiéme an de leur Prestrise, ou de leur mariage, 226
les Prestres & Religieux sont tenus de se trouuer aux embrasemens, 422
les Preuosts & Escheuins des villes vont haranguer les personnes de qualité qui y arriuent, 470
Prince d'Orange Protecteur des Heretiques, 52
Prison du Recteur de l'Vniuersité de Lou-

vain, 336
Priuilege des Bourgeois de Bruxelles, 294
Priuilege des Compagnies du Serment, 432
Priuilege des Conseillers de Malines, 317
Priuileges des enfans des Conseillers de Bruxelles, 310
Priuilege des habitans de Bruges, 442
Prix qu'on donne aux Canonniers, 469
Prix qu'on donne à Doüay aux Poëtes & aux Orateurs, 341
Processions en action de graces, 225
Procession des Pelerins de Ierusalem, 121
Procession où l'on porte le saint Cierge d'Arras, 287
Profession de foy des Docteurs, 337
Propreté des maisons, 408 &c.
chaque Prouince a trois Agents dans la Cour d'Espagne. 322.

R

Remparts des villes, 448
employ des Recluses, 173
Recollection des Festes de la Vierge,

Table

le Recteur de Louuain iuge les Escholiers en Ciuil & en Crime, 347

Representations de plusieurs Mysteres
durant le cours de l'année, 129

Rictiouare fit mourir vne infinité de
Chrétiens, 39

le Roy d'Espagne nomme trois Commissaires pour assister à l'Election des
Abbés, 143

le Roy d'Espagne nomme aux Eues-
chés. 57

S

le S. Sacrement defendu contre les
Heretiques par vne Veufue, 205

on chante le Salut de la Vierge en Musique tous les jours, 251

honneurs qu'ils rendent au Sang de
nostre Seigneur, 216

Seigneurs de Bruxelles, 412

Seminaire Prouincial des Euesques, 66

Vtilité des Seminaires, 84

Sepulchre de nostre Seigneur à Bruges
120

on porte le Sepulchre de nostre Seigneur
par les ruës à Bruxelles, 127

Sermons en diuerses langues, 111
Sermons de pieté que l'on fait aux Theologiens, 363
le septiéme siecle a esté vn siecle d'or pour les Pays-bas, 50
Sœurs noires & grises, 133
Soins des Soldats morts à l'armée, 111
Solemnités de l'Octaue des morts à Bruxelles, 104
Solemnités des Octaues de la Vierge, 249
effets du Sort, 209
Stations de la Passion dans les jardins, 162
Statuë de S. Xauier qu'on porte par les ruës d'Anuers, 90
Statuës contre vn des Corps de logis de l'Abbaye de S. Amand, 166

T

THeatre Anatomique des Medecins de Louuain, 357
raretés du Tombeau de Childeric, 417
Tour du S. Sacrement, 211
Tour de la Vierge, 260
Train du Recteur de l'Vniuersité de Doüay, 335

V

Villes qui ont racheté la confiscation des Bourgeois condamnés, 296

Vin qu'on donne aux Voyageurs, 471

Vnion des Chapitres de Roüen & de Cambray, 75

l'Vniuersité de Doüay ne peut receuoir les E'choliers des Peres Iesuites, ny les Peres Iesuites les leurs, 340

l'Vniuersité de Louuain a celebré le centiéme an de sa fondation. 565

FIN.

www.ingramcontent.com/pod-product-compliance
Lightning Source LLC
Chambersburg PA
CBHW051358230426
43669CB00011B/1690